ITALIENISCHE REZEPTE 2022

LECKERE UND EINFACHE ITALIENISCHE REZEPTE

KIM STEIN

BUON

APPETITO !!!

INHALTSVERZEICHNIS

Ziti mit Spinat und Ricotta 9

Rigatoni mit vier Käsesorten 11

Linguine mit cremiger Nusssauce 13

Fliegen mit Amaretti 15

Spaghetti mit Spiegeleiern nach Salerno-Art 17

Tagliarini Soufflé 20

Spaghetti im Stil eines Holzkohlebrenners 25

Bucatini mit Tomaten, Pancetta und Peperoni 27

Penne mit Pancetta, Pecorino und schwarzem Pfeffer 30

Penne mit Schweinefleisch und Blumenkohl 34

Spaghetti mit Wodkasauce 37

Fliegen mit Spargel, Sahne und Schinken 40

Penne mit Fleischsauce "geschleppt" 42

Spaghetti nach Caruso-Art 45

Penne mit Bohnen und Pancetta 47

Pasta mit Kichererbsen 50

Rigatoni Rigoletto 52

Annas gebratene Spaghetti 55

Auberginen-Nudeln Timbale 59

Gebackene Ziti 64

Sizilianische gebackene Pasta ... 66

Sophia Lorens gebackene Pasta ... 71

Linguine mit Muschelsauce ... 74

Toskanische Spaghetti mit Muscheln ... 77

Linguine mit Sardellen und würziger Tomatensauce ... 81

Linguine mit Krabben und kleinen Tomaten ... 83

Linguine mit gemischter Meeresfrüchtesauce ... 86

Dünne Spaghetti mit Bottarga ... 89

Venezianische Vollkornspaghetti in Sardellensauce ... 91

Spaghetti nach Capri-Art ... 93

Linguine mit Garnelen nach venezianischer Art ... 96

Pasta mit Sardinen und Fenchel ... 99

Penne mit Zucchini, Schwertfisch und Kräutern ... 103

Heiligabend Spaghetti mit Baccala ... 106

Linguine mit Thunfischpesto ... 109

Kalte Pasta mit Gemüsekonfetti und Meeresfrüchten ... 111

Knoblauch Bruschetta ... 114

Tomaten-Bruschetta ... 116

Tomaten und Avocado Bruschetta ... 119

Bohnen und Grüntoast ... 121

Hühnerleber Toast ... 123

Zucchini und Käse Toast ... 125

Kichererbsen-Toast 127

Brokkoli-Toast 129

Auberginen- und Tomatentoast 131

"Little Orange" Reisbällchen 134

"Telefon-Draht" Reisbällchen 139

Sizilianische Kichererbsenmehlkrapfen 144

Basilikum Krapfen 147

Gebratene Salbeiblätter 149

Gemischter grüner Salat 151

Dreifarbiger Salat 154

Grüner Salat mit Zitronen- und Pinienkernen 156

Spinat-Ei-Salat 158

Rucola-Parmigiano-Salat 160

Römischer Frühlingssalat 163

Grüner Salat mit Gorgonzola und Walnüssen 165

Salat mit Tomaten, Mozzarella und Basilikum 167

Neapolitanischer Tomaten-Brot-Salat 169

Toskanischer Brotsalat 171

Salat mit Tomaten, Rucola und Ricotta 173

Tomaten-Ei-Salat 175

Avocado-Tomaten-Salat 178

Riviera Salat 180

Eingelegtes Gemüse 182

Russischer Salat 184

Pilz-Parmigiano-Salat 187

Fenchel-Parmigiano-Salat 189

Fenchel-Oliven-Salat 191

Würziger Karottensalat 193

Kartoffel-Brunnenkresse-Salat 196

Artusis Kartoffelsalat 198

Salat mit grünen Bohnen, Kartoffeln und roten Zwiebeln 200

Salat aus grünen Bohnen, Sellerie und Oliven 202

Warmer Linsensalat 204

Fava Bohnenpüree mit sieben Salaten 206

Sommerreissalat 209

"Knuspriger" Salat 211

Birnen-Pecorino-Salat 214

Orangen-Fenchel-Salat 216

Rüben-Orangen-Salat 218

Ziti mit Spinat und Ricotta

Ziti con Spinaci e Ricotta

Ergibt 4 bis 6 Portionen

Spinat, Ricotta und Parmigiano-Reggiano sind eine typische Füllung für Ravioli in der Emilia-Romagna und vielen anderen Regionen. In diesem Rezept wird die Füllung für frische Nudeln zur Sauce für getrocknete Nudeln. Die Aromen sind ähnlich, aber die Methode ist für jeden Tag viel einfacher. Gehackter gekochter Brokkoli kann für den Spinat stehen, wenn Sie möchten.

1 1/2 Pfund Spinat, zähe Stängel entfernt

4 Esslöffel ungesalzene Butter

1 mittelgroße Zwiebel, fein gehackt

Salz

1 Pfund Ziti oder Penne

1 Tasse Ricotta ganz oder teilweise bei Raumtemperatur abschöpfen

1/2 Tasse frisch geriebener Parmigiano-Reggiano

Frisch gemahlener schwarzer Pfeffer

1. Den Spinat bei mittlerer Hitze mit 1/4 Tasse Wasser in einen großen Topf geben. Abdecken und 2 bis 3 Minuten kochen lassen oder bis sie welk und zart sind. Abgießen und abkühlen lassen. Wickeln Sie den Spinat in ein fusselfreies Tuch und drücken Sie so viel Wasser wie möglich aus. Den Spinat fein hacken.

2. In einem großen Topf die Butter bei mittlerer Hitze schmelzen. Fügen Sie die Zwiebel hinzu und kochen Sie sie ca. 10 Minuten lang, bis sie zart und goldbraun ist. Fügen Sie den gehackten Spinat hinzu und kochen Sie ihn unter Rühren 3 bis 4 Minuten lang, bis der Spinat durchgeheizt ist. Nach Belieben Salz hinzufügen

3. In einem großen Topf mindestens 4 Liter Wasser zum Kochen bringen. Fügen Sie 2 Esslöffel Salz hinzu, dann die Nudeln. Gut umrühren. Bei starker Hitze unter häufigem Rühren kochen, bis die Nudeln al dente, zart und dennoch bissfest sind. Die Nudeln abtropfen lassen und etwas Kochwasser aufheben.

4. In einer großen, erhitzten Servierschüssel die Nudeln mit Spinat, Ricotta und Käse vermengen. Fügen Sie etwas Kochwasser hinzu, wenn die Nudeln trocken erscheinen. Mit frisch gemahlenem schwarzen Pfeffer bestreuen und sofort servieren.

Rigatoni mit vier Käsesorten

Rigatoni ai Quattro Formaggi

Ergibt 4 bis 6 Portionen

Die vier unten vorgeschlagenen Käsesorten sind nur ein Vorschlag. Verwenden Sie alles, was Sie zur Hand haben. Auch etwas ausgetrocknete Stücke sind beim Reiben in Ordnung. Ich kann mir keinen Käse vorstellen, der nicht gut zu Pasta passt. Ich habe Versionen dieser Pasta in Rom, der Toskana und Neapel gegessen, und ich vermute, dass Köche diese Art zusammenwerfen, wenn sie kleine Mengen einer Vielzahl von Käsesorten haben.

1 Pfund Rigatoni, Ziti oder Fusilli

Salz

6 Esslöffel ungesalzene Butter, geschmolzen

1/2 Tasse geschreddert Fontina Valle d'Aosta

1/2 Tasse zerkleinerten frischen Mozzarella

1/2 Tasse geschreddert Gruyere oder Emmenthal

3/4 Tasse frisch geriebener Parmigiano-Reggiano

Frisch gemahlener schwarzer Pfeffer

1. In einem großen Topf mindestens 4 Liter Wasser zum Kochen bringen. Fügen Sie 2 Esslöffel Salz hinzu, dann die Nudeln. Gut umrühren. Bei starker Hitze unter häufigem Rühren kochen, bis die Nudeln al dente sind, zart, aber immer noch bissfest. Die Nudeln abtropfen lassen und etwas Kochwasser aufheben.

2. In einer großen, erhitzten Schüssel die Nudeln mit der Butter vermengen. Fügen Sie den Käse und ein paar Esslöffel des Nudelwassers hinzu. Werfen, bis der Käse geschmolzen ist. Mit schwarzem Pfeffer bestreuen und sofort servieren.

Linguine mit cremiger Nusssauce

Linguine con Salsa di Noci

Ergibt 4 bis 6 Portionen

Meine Freundin Pauline Wasserman ist auf Reisen im Piemont auf dieses Rezept gestoßen und hat es mir vor einigen Jahren gegeben. Die Nüsse verleihen den Nudeln einen reichen Geschmack, während der Ricotta sie cremig und feucht hält. Ich serviere es mit Dolcetto, einem leichten, trockenen Rotwein aus dem Piemont.

1/2 Tasse Walnüsse

2 Esslöffel Pinienkerne

4 Esslöffel ungesalzene Butter

1 kleine Knoblauchzehe, sehr fein gehackt

1 Esslöffel gehackte frische Petersilie

1/4 Tasse Ricotta, Mascarpone oder Sahne ganz oder teilweise abschöpfen

Salz

1 Pfund Linguine

½ Tasse frisch geriebener Parmigiano-Reggiano

1. Legen Sie die Walnüsse und Pinienkerne in eine Küchenmaschine oder einen Mixer. Mahlen Sie die Nüsse bis sie fein sind. (Nicht zu einer Paste überarbeiten.)

2. In einer mittelgroßen Pfanne die Butter bei mittlerer Hitze schmelzen. Fügen Sie den Knoblauch und die Petersilie hinzu und kochen Sie 1 Minute. Erdnüsse und Ricotta einrühren. Zum Mischen umrühren und erhitzen.

3. In der Zwischenzeit ca. 4 Liter Wasser in einem großen Topf zum Kochen bringen. Fügen Sie 2 Esslöffel Salz und dann die Nudeln hinzu und drücken Sie sie vorsichtig nach unten, bis die Nudeln vollständig mit Wasser bedeckt sind. Gut umrühren. Unter häufigem Rühren kochen, bis die Nudeln al dente sind, zart und dennoch bissfest. Etwas Kochwasser beiseite stellen. Die Nudeln abtropfen lassen.

4. In einer großen, erhitzten Servierschüssel die Nudeln mit der Sauce und dem geriebenen Käse vermengen. Fügen Sie etwas Kochwasser hinzu, wenn die Nudeln trocken erscheinen. Sofort servieren.

Fliegen mit Amaretti

Farfalle con gli Amaretti

Ergibt 4 bis 6 Portionen

Eine der Spezialitäten der Lombardei sind frische Eiernudeln, gefüllt mit Winterkürbis und zerkleinerten Amaretti, knusprige Mandelkekse (<u>Winterkürbis-Ravioli mit Butter und Mandeln</u>). In geschmolzene Butter gebadet und mit salzigem und nussigem Parmigiano bestreut, ist die Geschmackskombination höchst ungewöhnlich und unvergesslich. Der Kellner in einer kleinen Trattoria in Cremona erzählte mir, dass dieses einfache Rezept mit getrockneten Nudeln von diesem aufwändigen Gericht inspiriert wurde.

Wenn Ihre Rosinen trocken sind, füllen Sie sie kurz vor dem Abtropfen in das kochende Nudelwasser.

Salz

1 Pfund Farfalle

1 Stick ungesalzene Butter, geschmolzen

12 bis 16 Amaretti-Kekse, zerkleinert (ca. 1/2 Tasse Krümel)

⅓ Tasse goldene Rosinen

1 Tasse geriebener Parmigiano-Reggiano

1. In einem großen Topf mindestens 4 Liter Wasser zum Kochen bringen. Fügen Sie 2 Esslöffel Salz hinzu, dann die Nudeln. Gut umrühren. Bei starker Hitze unter häufigem Rühren kochen, bis die Nudeln al dente, zart und dennoch bissfest sind. Etwas Kochwasser beiseite stellen. Die Nudeln abtropfen lassen.

2. Legen Sie die Butter in eine große warme Schüssel. Fügen Sie die Nudeln hinzu und werfen Sie sie mit den Kekskrümeln und Rosinen. Fügen Sie den Käse hinzu und werfen Sie ihn erneut. Fügen Sie etwas Kochwasser hinzu, wenn die Nudeln trocken erscheinen. Heiß servieren.

Spaghetti mit Spiegeleiern nach Salerno-Art

Spaghetti con l'Uuovo Fritto alla Salernitana

Ergibt 2 Portionen

Obwohl ich aus der Gegend von Neapel von diesem Rezept gehört hatte, habe ich es erst eines Tages versucht, als ich dachte, ich hätte nichts im Haus, um für mich und meinen Mann zu kochen. Es ist einfach und beruhigend und kann sogar zum Brunch serviert werden. Die Eier sollten gekocht werden, bis das Weiß fest ist, aber das Eigelb noch weich ist. Die Zutaten für dieses Rezept dienen zwei, aber Sie können sie je nach Bedarf verdoppeln oder verdreifachen.

4 Unzen Spaghetti oder Linguine

Salz

2 Esslöffel Olivenöl

4 Eier

½ Tasse frisch geriebener Pecorino Romano

Frisch gemahlener schwarzer Pfeffer

1. In einem großen Topf mindestens 4 Liter Wasser zum Kochen bringen. Fügen Sie 2 Esslöffel Salz und dann die Nudeln hinzu und drücken Sie sie vorsichtig nach unten, bis die Nudeln vollständig mit Wasser bedeckt sind. Gut umrühren. Bei starker Hitze unter häufigem Rühren kochen.

2. Das Öl in einer großen Pfanne bei mittlerer Hitze erhitzen. Fügen Sie die Eier hinzu und bestreuen Sie sie mit Salz und Pfeffer. Kochen, bis das Weiß gerade fest ist und das Eigelb noch weich ist.

3. Die Nudeln abtropfen lassen und etwas Kochwasser aufheben. Werfen Sie die Nudeln mit dem Käse und 2 bis 3 Esslöffel Wasser.

4. Die Nudeln auf 2 Serviergerichte verteilen. Jeweils zwei Eier darüber geben und sofort servieren.

Tagliarini Soufflé

Soufflé di Tagliarini

Ergibt 6 Portionen

Einige Rezepte erreichen meine Küche auf Umwegen. Mein Freund Arthur Schwartz teilte mir dieses ungewöhnliche mit. Er lernte es von seiner Kochschulpartnerin Baronessa Cecilia Bellelli Baratta, die es wiederum von ihrer Mutter Elvira lernte. Die Familie Baratta lebt in Battipaglia in der Provinz Salerno, wo Cecilias Vater im Tomatenverpackungsgeschäft tätig war. Aber für die Dauer des Zweiten Weltkriegs lebte die Familie in Parma, wo es viel sicherer war.

Elvira (im Alter von 91 Jahren) kocht immer noch viele Gerichte aus Parma und behauptet, in dieser Region die Idee eines Pasta-Soufflés geschaffen zu haben, obwohl es tatsächlich andere Versionen gibt. Cecilia weist darauf hin, dass Norditaliener kaum ein Monopol auf Eiernudeln und Sahnesaucen haben, egal was der Rest von uns denkt.

Das Besondere an diesem Rezept ist, dass es eher aus getrockneten Eiernudeln als frisch hergestellt wird. Suchen Sie nach Tagliarini, Cappellini oder Cappelli di Angelo, obwohl auch gewöhnliche dünne

Eiernudeln funktionieren würden. Der Zitronengeschmack lässt das Gericht noch leichter erscheinen als es ist.

Bechamelsauce

4 Esslöffel ungesalzene Butter

4 Esslöffel Allzweckmehl

2 Tassen Milch

¾ Tasse geriebener Parmigiano-Reggiano

⅛ Teelöffel frisch geriebene Muskatnuss

1 1/2 Teelöffel Salz

1/2 Teelöffel frisch gemahlener schwarzer Pfeffer

Fein geriebene Schale von 1 Zitrone

Saft von 1 Zitrone

4 große Eier, getrennt

Salz

8 Unzen getrocknete Tagliarini oder eine andere feine getrocknete Eiernudel, in 3-Zoll-Längen gebrochen

4 Esslöffel ungesalzene Butter

1 Eiweiß

¼ Tasse plus 2 Esslöffel einfache trockene Semmelbrösel

1. Sauce zubereiten: Butter in einem kleinen Topf bei mittlerer Hitze schmelzen. Mehl mit einem Schneebesen einrühren und 2 Minuten kochen lassen.

2. Ständig verquirlen, Milch hinzufügen. Unter häufigem Rühren zum Kochen bringen. Vom Herd nehmen und den Käse einrühren. Vor dem Einrühren von Muskatnuss, Salz, Pfeffer, Zitronenschale und Saft etwas abkühlen lassen.

3. Kratzen Sie die Mischung in eine große Rührschüssel und lassen Sie sie auf Raumtemperatur abkühlen. (Wenn Sie es eilig haben, kühlen Sie die Mischung ab, indem Sie die Schüssel in eine andere mit Eiswasser gefüllte Schüssel stellen.) Rühren Sie das Eigelb unter gründlichem Mischen ein.

4. Etwa 3 Liter Wasser zum Kochen bringen. Fügen Sie 2 Esslöffel Salz hinzu, dann die Nudeln. Kochen Sie es, bis es nur noch halb

fertig ist. Die Pasta wird flexibel sein, aber immer noch hart in der Mitte. Gut abtropfen lassen. Übertragen Sie die Nudeln zurück in den Topf, in dem sie gekocht wurden, und werfen Sie sie mit 2 Esslöffeln der restlichen Butter. Lassen Sie die Nudeln etwas abkühlen.

5. Stellen Sie einen Rost in die Mitte des Ofens. Heizen Sie den Ofen auf 375 ° F vor. Fetten Sie mit 1 Esslöffel der restlichen Butter eine 9 × 9 × 2-Zoll-Auflaufform ein. Mit ca. 1/4 Tasse Semmelbrösel bestreuen und das Gericht gut überziehen.

6. In einer großen Schüssel mit einem Elektromixer bei mittlerer Geschwindigkeit das Eiweiß mit einer Prise Salz schlagen, bis sich weiche Spitzen bilden. Das Weiß vorsichtig unter die Bechamelsauce heben. Mit einem Gummispatel die Sauce nacheinander unter die Nudeln heben. Arbeiten Sie vorsichtig, um das Weiß nicht zu stark zu entleeren. Kratzen Sie die Mischung in die vorbereitete Auflaufform.

7. Mit den restlichen 2 Esslöffeln Semmelbrösel bestreuen. Mit dem restlichen 1 Esslöffel Butter dotieren.

8. 30 Minuten backen oder bis das Soufflé aufgebläht und leicht golden ist.

9. Für maximale Leichtigkeit in Quadrate schneiden und sofort servieren. Das Soufflé sinkt beim Abkühlen leicht ab.

Spaghetti im Stil eines Holzkohlebrenners

Spaghetti Carbonara

Ergibt 6 bis 8 Portionen

Die Römer würdigen den fleißigen Holzkohlenlieferanten als Inspiration für diese schnell hergestellten Nudeln. Sie sagen, dass das großzügige Mahlen von schwarzem Pfeffer Flecken von Kohlenstaub ähnelt!

Einige Köche in den USA fügen der Sauce Sahne hinzu, aber so wird es in Rom hergestellt.

4 Unzen Pancetta, in dicke Scheiben geschnitten

1 Esslöffel Olivenöl

3 große Eier

Salz und frisch gemahlener schwarzer Pfeffer

1 Pfund Spaghetti oder Linguine

3/4 Tasse frisch geriebener Pecorino Romano oder Parmigiano-Reggiano

1. Schneiden Sie die Pancetta in 1/4-Zoll-Stücke. Gießen Sie das Öl in eine Pfanne, die groß genug ist, um alle gekochten Nudeln aufzunehmen. Fügen Sie die Pancetta hinzu. Bei mittlerer Hitze ca. 10 Minuten kochen, bis die Pancetta an den Rändern goldbraun ist. Schalten Sie die Heizung aus.

2. In einer mittelgroßen Schüssel die Eier mit reichlich Salz und Pfeffer schlagen.

3. In einem großen Topf mindestens 4 Liter Wasser zum Kochen bringen. Fügen Sie 2 Esslöffel Salz und dann die Nudeln hinzu und drücken Sie sie vorsichtig nach unten, bis die Nudeln vollständig mit Wasser bedeckt sind. Gut umrühren. Bei starker Hitze unter häufigem Rühren kochen, bis die Nudeln al dente, zart und dennoch bissfest sind. Die Nudeln abtropfen lassen und etwas Kochwasser aufheben.

4. Die gekochten Nudeln mit der Pancetta in die Pfanne geben und bei mittlerer Hitze gut verrühren. Fügen Sie die Eier und etwas Kochwasser hinzu. Vorsichtig schütteln, bis die Nudeln cremig aussehen. Mit Käse und mehr Pfeffer bestreuen. Gut umrühren und sofort servieren.

Bucatini mit Tomaten, Pancetta und Peperoni

Bucatini all'Amatriciana

Ergibt 4 bis 6 Portionen

Amatrice ist der Name einer Stadt in den Abruzzen. Viele Menschen aus dieser Gegend ließen sich in Rom nieder, und dieses Rezept wurde zu einem der bekanntesten Gerichte der Stadt. Wie bei allen Traditionen streiten sich alle über den richtigen Weg, dies aufrechtzuerhalten. Ich habe einmal ein römisches Call-In-Radioprogramm zu diesem Thema gehört, das eine Stunde lang über die Vor- und Nachteile des Hinzufügens von Zwiebeln diskutierte.

Ich habe zahlreiche Versionen ausprobiert, und so gefällt es mir am besten. Bucatini, eine sehr dicke Spaghetti-Form mit einem Loch in der Mitte, ist traditionell, aber schwer zu essen. Im Gegensatz zu Spaghetti, Linguine und anderen langen Nudelsträngen dreht es sich nicht sauber um die Gabel, besonders wenn es fest gekocht wird, wie es die Römer mögen. Eine kurze dünne Nudelröhre wie Penne ist auch gut und viel ordentlicher zu essen.

2 Esslöffel Olivenöl

2 Unzen geschnittene Pancetta, etwa 1/8 Zoll dick, in winzige Stücke geschnitten

1 mittelgroße Zwiebel, fein gehackt

Prise zerkleinerten roten Pfeffer

½ Tasse trockener Weißwein

1 (28 Unzen) Dose importierte italienische geschälte Tomaten, abgetropft und gehackt

Salz

1 Pfund Bucatini, Perciatelli oder Penne

½ Tasse frisch geriebener Pecorino Romano

1. Gießen Sie das Öl in eine Pfanne, die groß genug ist, um alle gekochten Nudeln aufzunehmen. Fügen Sie die Pancetta, die Zwiebel und den zerkleinerten roten Pfeffer hinzu. Bei mittlerer Hitze unter gelegentlichem Rühren etwa 12 Minuten kochen, bis die Pancetta und die Zwiebel goldbraun sind.

2. Den Wein dazugeben und zum Kochen bringen.

3. Tomaten und Salz nach Belieben einrühren. Bringen Sie die Sauce zum Kochen und kochen Sie sie unter gelegentlichem Rühren etwa 25 Minuten lang, bis die Sauce eingedickt ist.

4. In einem großen Topf mindestens 4 Liter Wasser zum Kochen bringen. Fügen Sie 2 Esslöffel Salz hinzu, dann die Nudeln. Gut umrühren. Bei starker Hitze unter häufigem Rühren kochen, bis die Nudeln al dente, zart und dennoch bissfest sind. Etwas Kochwasser beiseite stellen. Die Nudeln abtropfen lassen.

5. Gießen Sie die Nudeln mit der Sauce in die Pfanne. Werfen Sie die Nudeln und die Sauce bei starker Hitze etwa 1 Minute lang zusammen oder bis die Nudeln überzogen sind. Fügen Sie ein wenig kochendes Wasser hinzu, wenn die Nudeln trocken erscheinen. Vom Herd nehmen. Fügen Sie den Käse hinzu und werfen Sie gut. Sofort servieren.

Penne mit Pancetta, Pecorino und schwarzem Pfeffer

Penne alla Gricia

Ergibt 4 bis 6 Portionen

Ich wurde daran erinnert, wie gut diese Pasta im New Yorker San Domenico Restaurant sein kann, wo sie für ein Mittagessen zubereitet wurde, bei dem die Küche Roms gefeiert wurde. Ich musste es in diese Sammlung aufnehmen.

Penne alla Gricia ist eine enge Verwandte und möglicherweise der Vorläufer der Bucatini all'Amatriciana auf der linken Seite. Traditionelle Rezepte für beide haben die gleichen Zutaten - gesalzenes Fleisch, Schmalz und geriebener Schafskäse, die die typischen Aromen für Nudeln waren, bevor Tomaten aus der Neuen Welt kamen und in Italien akzeptiert wurden. Schweineschmalz fügt einen sehr guten Geschmack hinzu, aber Olivenöl kann ersetzt werden, wenn Sie es vorziehen.

In Rom wird dies mit guanciale, gehärteter Schweinebacke gemacht. Wenn Sie nicht in der Nähe eines italienischen Metzgerspezialitäten wohnen, ist Guanciale schwer zu finden, aber Pancetta ist sehr ähnlich. Lassen Sie die Scheiben etwa 1/8 Zoll dick schneiden, wenn Sie können. Um das Schneiden der Scheiben zu erleichtern, versuchen Sie, sie kurz auf einem Stück Wachspapier einzufrieren.

2 Esslöffel Schweineschmalz oder Olivenöl

4 Unzen geschnittene Guanciale oder Pancetta, etwa 1/8 Zoll dick, in winzige Stücke geschnitten

Salz

1 Pfund Spaghetti

1/2 Tasse frisch geriebener Pecorino Romano

1/2 Teelöffel frisch gemahlener schwarzer Pfeffer oder mehr nach Geschmack

1. In einer Pfanne, die groß genug ist, um alle gekochten Nudeln aufzunehmen, das Schmalz oder Olivenöl bei mittlerer Hitze erhitzen. Fügen Sie die Guanciale oder Pancetta hinzu und kochen Sie sie unter häufigem Rühren 10 Minuten lang oder bis sie knusprig und goldbraun sind.

2. In einem großen Topf mindestens 4 Liter Wasser zum Kochen bringen. Fügen Sie 2 Esslöffel Salz hinzu, dann die Nudeln. Gut umrühren. Bei starker Hitze unter häufigem Rühren kochen, bis

die Nudeln al dente, zart und dennoch bissfest sind. Etwas Kochwasser beiseite stellen. Die Nudeln abtropfen lassen.

3. Gießen Sie die Nudeln in die Pfanne und werfen Sie sie mit Käse, Pfeffer und ein paar Esslöffeln Wasser, bis die Nudeln gut überzogen sind. Auf Wunsch sofort mit mehr Pfeffer servieren.

Penne mit Schweinefleisch und Blumenkohl

Pasta Incaciata

Ergibt 4 bis 6 Portionen

Meine Freundin Carmella Ragusa zeigte mir, wie man dieses Rezept macht, das sie bei einem Besuch bei ihrer Familie in Sizilien gelernt hat.

2 Esslöffel Olivenöl

2 Knoblauchzehen, fein gehackt

8 Unzen gemahlenes Schweinefleisch

1 Teelöffel Fenchelsamen

1/2 Tasse trockener Rotwein

1 Pfund frische Pflaumentomaten, geschält, entkernt und gehackt, oder 2 Tassen importierte italienische Tomaten in Dosen, abgetropft und gehackt

Salz und frisch gemahlener schwarzer Pfeffer

3 Tassen Blumenkohlröschen

1 Pfund Penne

Etwa 1 Tasse frisch geriebener Pecorino Romano

1. Gießen Sie das Öl in eine große Pfanne. Fügen Sie den Knoblauch hinzu und kochen Sie ihn bei mittlerer Hitze etwa 2 Minuten lang goldbraun. Fügen Sie die Schweinefleisch- und Fenchelsamen hinzu und rühren Sie gut um. Unter gelegentlichem Rühren ca. 15 Minuten kochen, bis das Fleisch braun ist.

2. Fügen Sie den Wein hinzu und köcheln Sie 3 Minuten oder bis der größte Teil der Flüssigkeit verdunstet ist.

3. Fügen Sie die Tomaten und Salz und Pfeffer hinzu, um zu schmecken. 15 Minuten köcheln lassen oder bis die Sauce leicht reduziert ist.

4. In einem großen Topf mindestens 4 Liter Wasser zum Kochen bringen. Fügen Sie den Blumenkohl und 2 Esslöffel Salz hinzu. 10 Minuten kochen lassen, bis der Blumenkohl weich ist. Mit einem geschlitzten Löffel den Blumenkohl herausschöpfen und gut abtropfen lassen. Werfen Sie das Wasser nicht weg.

5. Den Blumenkohl in die Sauce geben und unter häufigem Rühren kochen und die Stücke mit einem Löffel zerkleinern, bis die Sauce dick ist, weitere 10 Minuten.

6. Das Wasser zum Kochen bringen und die Nudeln hinzufügen. Unter häufigem Rühren kochen, bis die Nudeln al dente sind, zart und dennoch bissfest. Etwas Kochwasser beiseite stellen. Die Nudeln abtropfen lassen.

7. Übertragen Sie die Nudeln in eine erhitzte Servierschüssel. Werfen Sie die Nudeln mit der Sauce und verdünnen Sie sie gegebenenfalls mit dem kochenden Wasser. Fügen Sie den Käse hinzu und werfen Sie gut. Sofort servieren.

Spaghetti mit Wodkasauce

Spaghetti alla Vodka

Ergibt 4 bis 6 Portionen

Laut meinem Freund Arthur Schwartz, Kochbuchautor und Lebensmittelbehörde, wurde diese Pasta in den 1970er Jahren in Italien im Rahmen einer Werbekampagne für eine große Wodka-Firma erfunden. Ich hatte es zuerst in Rom, aber es scheint jetzt in den Vereinigten Staaten populärer zu sein als in Italien.

1/4 Tasse ungesalzene Butter

1/4 Tasse fein gehackte Schalotten

2 Unzen geschnittener importierter italienischer Schinken, in dünne Streifen geschnitten

1 (28 Unzen) Dose importierte italienische geschälte Tomaten, abgetropft und grob gehackt

1/2 Teelöffel zerkleinerter roter Pfeffer

Salz

1/2 Tasse Sahne

¼ Tasse Wodka

1 Pfund Spaghetti oder Linguine

½ Tasse frisch geriebener Parmigiano-Reggiano

1. In einer Pfanne, die groß genug ist, um alle gekochten Nudeln aufzunehmen, die Butter bei mittlerer Hitze schmelzen. Fügen Sie die Schalotten hinzu und kochen Sie sie ca. 2 Minuten lang goldbraun. Schinken einrühren und 1 Minute kochen lassen.

2. Fügen Sie die Tomaten, den zerkleinerten roten Pfeffer und das Salz hinzu, um zu schmecken. 5 Minuten köcheln lassen. Die Sahne einrühren und unter gutem Rühren noch 1 Minute kochen lassen. Fügen Sie den Wodka hinzu und kochen Sie 2 Minuten.

3. 4 Liter Wasser in einem großen Topf zum Kochen bringen. Fügen Sie 2 Esslöffel Salz und dann die Nudeln hinzu und drücken Sie sie vorsichtig nach unten, bis die Nudeln vollständig mit Wasser bedeckt sind. Bei starker Hitze unter häufigem Rühren al dente kochen, zart und dennoch bissfest. Etwas Kochwasser beiseite stellen. Die Nudeln abtropfen lassen.

4. Die Nudeln mit der Sauce in die Pfanne geben. Die Nudeln bei starker Hitze in die Sauce geben, bis sie gut überzogen sind. Fügen Sie ein wenig kochendes Wasser hinzu, wenn die Sauce zu dick erscheint. Rühren Sie den Käse ein und werfen Sie ihn erneut. Sofort servieren.

Fliegen mit Spargel, Sahne und Schinken

Farfalle con Asparagi

Ergibt 6 bis 8 Portionen

Diese Kombination ist perfekt für ein Frühlingsmenü. Ich finde, die Sahne macht es sehr reichhaltig, deshalb neige ich dazu, diese Nudeln in kleinen Portionen als ersten Gang vor etwas Einfachem wie gegrilltem Kalbfleisch oder Hühnchen zu servieren. Ich habe dieser Pasta gehackte geröstete Paprika hinzugefügt und mag die Kombination sehr.

1 Pfund frischer Spargel, geschnitten

Salz

1 Tasse Sahne

1 Pfund Farfalle

1/2 Tasse frisch geriebener Parmigiano-Reggiano

2 Unzen geschnittener importierter italienischer Schinken, quer in dünne Streifen geschnitten

1. In einer großen Pfanne etwa 5 cm Wasser zum Kochen bringen. Fügen Sie den Spargel und das Salz hinzu, um zu schmecken.

Kochen, bis der Spargel gerade zart ist und sich beim Herausheben aus dem Wasser leicht biegen. Die Garzeit hängt von der Dicke des Spargels ab. Den Spargel trocken tupfen. Schneiden Sie sie in mundgerechte Stücke.

2. Die Sahne in einem kleinen Topf zum Kochen bringen. 5 Minuten kochen lassen oder bis sie leicht eingedickt sind.

3. Einen großen Topf Wasser zum Kochen bringen. Fügen Sie 2 Esslöffel Salz hinzu, dann die Nudeln. Gut umrühren. Bei starker Hitze unter häufigem Rühren kochen, bis die Nudeln al dente, zart und dennoch bissfest sind. Etwas Kochwasser beiseite stellen. Die Nudeln abtropfen lassen.

4. Gießen Sie die Nudeln, die Sahne und den Käse in eine große Schüssel und werfen Sie sie gut um. Fügen Sie ein wenig kochendes Wasser hinzu, wenn die Sauce zu dick erscheint. Fügen Sie den Spargel und den Schinken hinzu und werfen Sie ihn erneut. Sofort servieren.

Penne mit Fleischsauce "geschleppt"

Penne Strascinate

Ergibt 6 Portionen

Ich hatte diese Pasta zum ersten Mal in einem kleinen Landrestaurant in der Toskana, einer Region, in der jeder Koch seine eigene Art hat, sie zuzubereiten. Es wird "gezogene" Penne genannt, weil die Nudeln fertig gekocht sind, während sie in der Sauce gerührt werden. Dies verleiht den Nudeln den Geschmack der Sauce.

¼ Tasse Olivenöl

1 mittelgroße Zwiebel, fein gehackt

1 mittelgroße Karotte, fein gehackt

1 zarte Sellerierippe, fein gehackt

1 Knoblauchzehe, sehr fein gehackt

2 Esslöffel gehacktes frisches Basilikum

12 Unzen gemahlenes Kalbfleisch

½ Tasse trockener Rotwein

2 Tassen geschälte, entkernte und gehackte frische Tomaten oder eingemachte importierte italienische geschälte Tomaten in Dosen, abgetropft und gehackt

1 Tasse hausgemacht Fleischbrühe oder Hühnersuppe oder im Laden gekaufte Rind- oder Hühnerbrühe

Salz und frisch gemahlener schwarzer Pfeffer

1 Pfund Penne

½ Tasse frisch geriebener Pecorino Romano

½ Tasse frisch geriebener Parmigiano-Reggiano

1. Gießen Sie das Öl in eine Pfanne, die groß genug ist, um alle gekochten Nudeln aufzunehmen. Zwiebel, Karotte, Sellerie, Knoblauch und Basilikum hinzufügen. Bei mittlerer Hitze ca. 10 Minuten kochen, bis das Gemüse weich ist.

2. Fügen Sie das Kalbfleisch hinzu und kochen Sie es unter häufigem Rühren etwa 10 Minuten lang, um etwaige Klumpen aufzubrechen. Den Wein dazugeben und zum Kochen bringen. 1 Minute kochen.

3. Tomaten, Brühe sowie Salz und Pfeffer nach Belieben einrühren. Bei schwacher Hitze 45 Minuten köcheln lassen und gelegentlich umrühren.

4. 4 Liter Wasser in einem großen Topf zum Kochen bringen. Fügen Sie 2 Esslöffel Salz hinzu, dann die Nudeln. Gut umrühren. Bei starker Hitze unter häufigem Rühren kochen, bis die Nudeln fast zart, aber leicht unterbacken sind. Etwas kochendes Wasser beiseite stellen. Die Nudeln abtropfen lassen.

5. Die Nudeln in die Pfanne geben und die Hitze auf mittel stellen. Kochen Sie die Nudeln 2 Minuten lang unter gutem Rühren und geben Sie bei Bedarf etwas Wasser hinzu. Käse einrühren und sofort servieren.

Spaghetti nach Caruso-Art

Spaghetti Enrico Caruso

Ergibt 6 Portionen

Enrico Caruso, der große neapolitanische Tenor, kochte und aß gern. Pasta war seine Spezialität, und dies soll einer seiner Favoriten gewesen sein.

¼ Tasse Olivenöl

¼ Tasse fein gehackte Schalotten oder Zwiebeln

8 Unzen Hühnerleber, geschnitten und in mundgerechte Stücke geschnitten

1 Teelöffel fein gehackter Rosmarin

Salz und frisch gemahlener schwarzer Pfeffer

2 Tassen geschälte, entkernte und gehackte frische Tomaten oder eingemachte importierte italienische geschälte Tomaten in Dosen, abgetropft und gehackt

1 Pfund Spaghetti oder Linguine

2 Esslöffel ungesalzene Butter

½ Tasse frisch geriebener Parmigiano-Reggiano

1. Gießen Sie das Öl in eine Pfanne, die groß genug ist, um alle Nudeln aufzunehmen. Fügen Sie die Schalotten hinzu. Bei mittlerer Hitze ca. 3 Minuten kochen, bis sie weich sind. Fügen Sie die Lebern, Rosmarin und Salz und Pfeffer hinzu, um zu schmecken. 2 Minuten kochen lassen oder bis die Lebern nicht mehr rosa sind.

2. Tomaten einrühren und zum Kochen bringen. 20 Minuten kochen lassen oder bis sie leicht eingedickt sind.

3. 4 Liter Wasser in einem großen Topf zum Kochen bringen. Fügen Sie 2 Esslöffel Salz und dann die Nudeln hinzu und drücken Sie sie vorsichtig nach unten, bis die Nudeln vollständig mit Wasser bedeckt sind. Gut umrühren. Bei starker Hitze unter häufigem Rühren kochen, bis die Nudeln al dente, zart und dennoch bissfest sind. Etwas Kochwasser beiseite stellen. Die Nudeln abtropfen lassen.

4. Die Spaghetti in die Sauce geben und 1 Minute bei starker Hitze zusammenrühren. Fügen Sie ein wenig kochendes Wasser hinzu, wenn die Sauce zu dick erscheint. Fügen Sie die Butter und den Käse hinzu und werfen Sie erneut. Sofort servieren.

Penne mit Bohnen und Pancetta

Penne e Fagioli

Ergibt 4 bis 6 Portionen

Einige Nudel- und Bohnenrezepte sind dick und souplike, mit gleichen Teilen Bohnen und Nudeln. Diese toskanische Version ist wirklich Pasta mit einer Bohnen-Tomatensauce.

2 Esslöffel Olivenöl

2 1/2 Unzen Pancetta, fein gehackt

1 mittelgroße Zwiebel, fein gehackt

1 große Knoblauchzehe, geschält und fein gehackt

2 Tassen gekochte oder eingemachte Cranberry- oder Cannellini-Bohnen abtropfen lassen

1 1/2 Pfund Pflaumentomaten, geschält, entkernt und gehackt, oder 3 Tassen importierte italienische Tomaten in Dosen, abgetropft und gehackt

Salz nach Geschmack

1 Pfund Penne

Frisch gemahlener schwarzer Pfeffer

½ Tasse gehackte Petersilie

½ Tasse frisch geriebener Parmigiano-Reggiano

1. Gießen Sie das Öl in einen großen Topf. Fügen Sie die Pancetta hinzu. Bei mittlerer Hitze unter gelegentlichem Rühren 10 Minuten oder bis sie leicht gebräunt sind kochen. Fügen Sie die Zwiebel hinzu und kochen Sie, bis sie zart und golden ist, ungefähr 10 Minuten.

2. Knoblauch einrühren und noch 1 Minute kochen lassen. Fügen Sie die Bohnen, Tomaten und Salz und Pfeffer hinzu. 5 Minuten kochen.

3. In einem großen Topf ca. 4 Liter Wasser zum Kochen bringen. Fügen Sie 2 Esslöffel Salz hinzu, dann die Nudeln. Gut umrühren. Bei starker Hitze unter häufigem Rühren kochen, bis die Nudeln al dente, zart und dennoch bissfest sind. Etwas Kochwasser beiseite stellen. Die Nudeln abtropfen lassen.

4. In einer großen warmen Schüssel die Nudeln mit der Sauce und der Petersilie vermengen. Fügen Sie bei Bedarf etwas Kochwasser hinzu. Fügen Sie den Käse hinzu und werfen Sie ihn erneut. Mit frisch geriebenem Parmigiano-Reggiano servieren.

Pasta mit Kichererbsen

Pasta e Ceci

Ergibt 4 Portionen

Ein Spritzer Olivenöl extra vergine ist der perfekte Abschluss für Pasta mit Kichererbsen. Wenn Sie es scharf machen möchten, probieren Sie es mit einigen der<u>Heiliges Öl</u>.

2 Esslöffel Olivenöl

2 Unzen dick geschnittene Pancetta, fein gehackt

1 mittelgroße Zwiebel, gehackt

1 Pfund Tomaten, geschält, entkernt und gehackt

1 Esslöffel gehackter frischer Salbei

Prise zerkleinerten roten Pfeffer

Salz

2 Tassen gekochte oder eingemachte Kichererbsen abtropfen lassen

8 Unzen kleine Nudeln wie Ellbogen oder Ditali

Natives Olivenöl extra

1. Gießen Sie das Öl in einen großen Topf. Fügen Sie die Pancetta und die Zwiebel hinzu und kochen Sie sie unter gelegentlichem Rühren bei mittlerer Hitze etwa 10 Minuten lang oder bis sie zart und goldbraun sind.

2. Fügen Sie die Tomaten, 1/2 Tasse Wasser, Salbei, Paprika und Salz nach Geschmack hinzu. Zum Kochen bringen und 15 Minuten kochen lassen. Fügen Sie die Kichererbsen hinzu und kochen Sie weitere 10 Minuten.

3. In einem großen Topf ca. 4 Liter Wasser zum Kochen bringen. 2 Esslöffel Salz und dann die Nudeln einrühren. Gut umrühren. Unter häufigem Rühren kochen, bis die Nudeln zart und dennoch bissfest sind. Etwas Kochwasser beiseite stellen. Die Nudeln abtropfen lassen.

4. Die Nudeln mit der Sauce in die Pfanne geben. Gut umrühren und zum Kochen bringen, bei Bedarf etwas Kochwasser hinzufügen. Sofort servieren.

Rigatoni Rigoletto

Pasta al Rigoletto

Ergibt 6 Portionen

Diese Pasta ist nach Rigoletto benannt, dem tragischen Helden von Verdis ruhmreicher Oper. Die Geschichte spielt in Mantua, wo diese Pasta bekannt ist.

2 oder 3 italienische Schweinswürste (ca. 12 Unzen)

2 Esslöffel Olivenöl

1 mittelgroße Zwiebel, fein gehackt

2 Knoblauchzehen, fein gehackt

4 Esslöffel Tomatenmark

2 Tassen Wasser

2 Tassen gekochte getrocknete Cranberry- oder Cannellini-Bohnen, leicht abgetropft

Salz und frisch gemahlener schwarzer Pfeffer

1 Pfund Rigatoni

1 Esslöffel ungesalzene Butter

¼ Tasse fein gehacktes frisches Basilikum

½ Tasse frisch geriebener Parmigiano-Reggiano

1. Entfernen Sie die Hüllen von den Würsten und hacken Sie das Fleisch fein.

2. Gießen Sie das Öl in einen Topf, der groß genug ist, um alle Zutaten aufzunehmen. Fügen Sie die Zwiebel, das Wurstfleisch und den Knoblauch hinzu. Bei mittlerer Hitze unter häufigem Rühren kochen, bis die Zwiebeln weich sind und die Wurst leicht gebräunt ist (ca. 15 Minuten).

3. Fügen Sie die Tomatenmark und Wasser hinzu. Zum Kochen bringen und 20 Minuten kochen lassen oder bis sie leicht eingedickt sind.

4. Fügen Sie die Bohnen und Salz und Pfeffer hinzu, um zu schmecken. 10 Minuten kochen lassen und einige Bohnen mit der Rückseite eines Löffels zerdrücken, um die Sauce cremig zu machen.

5. In einem großen Topf mindestens 4 Liter Wasser zum Kochen bringen. Fügen Sie 2 Esslöffel Salz hinzu, dann die Nudeln. Gut umrühren. Bei starker Hitze unter häufigem Rühren kochen, bis

die Nudeln al dente, zart und dennoch bissfest sind. Etwas Kochwasser beiseite stellen. Die Nudeln abtropfen lassen.

6. Fügen Sie die Nudeln mit der Sauce in die Pfanne, werfen Sie sie zusammen und kochen Sie sie 1 Minute lang. Fügen Sie bei Bedarf etwas Wasser hinzu. Butter und Basilikum einrühren. Fügen Sie den Käse hinzu und werfen Sie ihn erneut. Sofort servieren.

Annas gebratene Spaghetti

Spaghetti Fritti alla Anna

Ergibt 4 Portionen

Als mein Mann, ich und eine Gruppe von Freunden die Kochschulbesitzerin und Lehrerin Anna Tasca Lanza auf dem Bauernhof und dem Weingut ihrer Familie in Regaleali, Sizilien, besuchten, teilten wir uns zahlreiche Mahlzeiten. Gegen Ende unseres Aufenthalts beschlossen wir, ein ungezwungenes Mittagessen mit allem, was sich im Kühlschrank befand, zuzubereiten. Während der Rest von uns damit beschäftigt war, Brot und Käse zu schneiden, Wein einzuschenken und einen Salat zu machen, nahm Anna einige übrig gebliebene Spaghetti heraus und goss sie in eine schwere Pfanne. In wenigen Minuten hatte sich die Pasta in einen knusprigen goldenen Kuchen verwandelt, den alle verschlungen hatten. Anna schien überrascht zu sein, dass wir es so sehr genossen hatten und sagte, es sei nur etwas, was man mit übrig gebliebenen Nudeln machen kann. Meine Freundin Judith Weber bekam schließlich mehr Informationen darüber, wie sie es gemacht hatte und gab das Rezept an mich weiter. Dies ist ideal für ein Mitternachtsabendessen,

4 bis 8 Unzen kalte übrig gebliebene Spaghetti mit <u>Sizilianische Tomatensauce</u> oder <u>Marinara-Sauce</u>

3 Esslöffel Olivenöl

2 Esslöffel geriebener Pecorino Romano

1. Bereiten Sie die Spaghetti bei Bedarf mit Tomatensauce zu. Mindestens 1 Stunde oder über Nacht kalt stellen.

2. In einer großen Pfanne mit Antihaftbeschichtung 2 Esslöffel Öl bei mittlerer Hitze erhitzen. Das Öl mit 1 Esslöffel Käse bestreuen und die Nudeln sofort in die Pfanne geben. Mit der Rückseite eines Löffels flach drücken. Die Nudeln sollten nicht tiefer als 3/4 Zoll sein.

3. Kochen Sie die Nudeln und drücken Sie sie gelegentlich gegen die Pfanne, bis sie am Boden goldbraun und knusprig sind (ca. 20 Minuten). Schieben Sie gelegentlich einen dünnen Spatel unter die Nudeln, um sicherzustellen, dass sie nicht kleben.

4. Wenn die Nudeln schön gebräunt sind, nehmen Sie die Pfanne vom Herd. Schieben Sie einen Spatel unter die Nudeln, um sicherzustellen, dass sie nicht kleben. Legen Sie eine große umgekehrte Platte auf die Pfanne. Schützen Sie Ihre Hände mit

Topflappen, drehen Sie die Pfanne und den Teller um, damit der Nudelkuchen aus der Pfanne auf den Teller fällt.

5. Das restliche Öl und den Käse in die Pfanne geben. Schieben Sie den Nudelkuchen mit der knusprigen Seite nach oben zurück in die Pfanne. Kochen Sie auf die gleiche Weise wie auf der ersten Seite, bis sie braun und knusprig sind, weitere 15 Minuten. In Keile schneiden und heiß servieren.

Auberginen-Nudeln Timbale

Pasta al Timballo

Ergibt 6 Portionen

Nudeln, Käse und Fleisch in einer Kuppel aus Auberginenscheiben sind ein spektakuläres Gericht für eine Party oder einen besonderen Anlass. Es ist nicht schwer zuzubereiten, aber seien Sie sehr vorsichtig, wenn Sie den schweren Timbale heiß aus dem Ofen nehmen.

In Sizilien wird dies mit Caciocavallo hergestellt, einem halbfesten Kuhmilchkäse, der in einer birnenförmigen Hülle verkauft wird. Der Name bedeutet Pferdekäse, und warum er genannt wird, wird seit Jahrhunderten diskutiert. Einige Historiker glauben, dass der Käse ursprünglich aus Stutenmilch hergestellt wurde, während andere sagen, dass er einst zu Pferd an Stangen aufgehängt transportiert wurde. Caciocavallo ähnelt Provolon, das ersetzt werden kann, oder verwendet Pecorino Romano.

2 mittelgroße Auberginen (jeweils ca. 1 Pfund)

Salz

Olivenöl

1 mittelgroße Zwiebel, gehackt

1 Knoblauchzehe, fein gehackt

8 Unzen Rinderhackfleisch

8 Unzen italienische Schweinswürste, gehäutet und gehackt

2 Pfund frische Tomaten, geschält, entkernt und gehackt, oder 1 (28 Unzen) können gehackte italienische geschälte Tomaten importieren

1 Tasse frische oder gefrorene Erbsen

Frisch gemahlener schwarzer Pfeffer

1 Pfund Perciatelli oder Bucatini

12 Unzen Mozzarella, gehackt

1 Tasse frisch geriebener Caciocavallo oder Pecorino Romano

3 Unzen Salami, gehackt

2 Esslöffel gehacktes frisches Basilikum

2 hart gekochte Eier, in Scheiben geschnitten

1. Schneiden Sie die Aubergine der Länge nach in 1/4 Zoll dicke Scheiben. Die Scheiben großzügig mit Salz bestreuen und in ein

Sieb geben, damit sie mindestens 30 Minuten abtropfen. Spülen Sie die Scheiben und tupfen Sie sie trocken.

2. Erhitzen Sie 1/4 Zoll Öl in einer großen Pfanne bei mittlerer Hitze. Braten Sie die Scheiben nacheinander an, bis sie auf beiden Seiten leicht gebräunt sind, etwa 5 Minuten pro Seite. Auf Papiertüchern abtropfen lassen.

3. Gießen Sie das Öl in einen großen Topf. Fügen Sie die Zwiebel und den Knoblauch hinzu und kochen Sie sie bei mittlerer Hitze unter häufigem Rühren, bis die Zwiebel weich ist (ca. 5 Minuten). Fügen Sie das Rind- und Wurstfleisch hinzu. Unter häufigem Rühren etwa 10 Minuten kochen lassen, bis sie leicht gebräunt sind.

4. Fügen Sie die Tomaten und Salz und Pfeffer hinzu, um zu schmecken. Bei schwacher Hitze 20 Minuten kochen lassen. Fügen Sie die Erbsen hinzu und kochen Sie weitere 10 Minuten oder bis die Sauce eingedickt ist.

5. In einem großen Topf mindestens 4 Liter Wasser zum Kochen bringen. Fügen Sie 2 Esslöffel Salz hinzu, dann die Nudeln. Gut umrühren. Bei starker Hitze unter häufigem Rühren kochen, bis die Nudeln zart, aber immer noch sehr fest sind. Die Nudeln abtropfen lassen und wieder in den Topf geben. Werfen Sie die Nudeln mit der Sauce. 5 Minuten abkühlen lassen.

6. Eine ofenfeste 4-Liter-Schüssel oder Auflaufform mit Folie auslegen und glatt gegen die Seiten drücken. Die Folie mit Olivenöl bestreichen. Beginnen Sie in der Mitte der Schüssel, ordnen Sie die Hälfte der Auberginenscheiben an, überlappen Sie sie leicht mit der Innenseite und reservieren Sie ein paar Scheiben für die Oberseite.

7. Mozzarella, geriebenen Käse, Salami und Basilikum mit den Nudeln in die Pfanne geben und gut verrühren. Die Hälfte der Nudeln in die vorbereitete Schüssel geben und dabei darauf achten, die Auberginen nicht zu stören. Die Eierscheiben über die Nudeln legen. Mit den restlichen Nudeln und den reservierten Auberginenscheiben belegen. Leicht nach unten drücken.

8. Stellen Sie einen Rost in die Mitte des Ofens. Heizen Sie den Ofen auf 400 ° F vor. Backen Sie 45 bis 60 Minuten oder bis es in der Mitte heiß ist, 140 ° F, gemessen mit einem sofort ablesbaren Thermometer. (Die genaue Backzeit hängt vom Durchmesser der Schüssel ab.)

9. Lassen Sie den Timbale 15 Minuten stehen. Drehen Sie die Schüssel auf einen Servierteller. Nehmen Sie die Schüssel heraus und ziehen Sie die Folie vorsichtig ab. Sofort servieren.

Gebackene Ziti

Ziti al Forno

Ergibt 8 bis 12 Portionen

Gebackene Nudelgerichte wie dieses sind in ganz Süditalien beliebt. Zu einer Zeit, in der nur wenige Häuser Öfen hatten, wurden die Nudelpfannen zur örtlichen Bäckerei gebracht, um gekocht zu werden, nachdem der Bäcker das Brot des Tages fertig gemacht hatte.

    4 Tassen <u>Neapolitanischer Ragù</u>

Salz

1 Pfund Ziti, Penne oder Rigatoni

1 Pfund Ricotta ganz oder teilweise überfliegen

1 Tasse frisch geriebener Pecorino Romano oder Parmigiano-Reggiano-Käse

12 Unzen frischer Mozzarella, gehackt oder zerkleinert

1. Bereiten Sie gegebenenfalls den Ragù vor. Dann 4 Liter Wasser in einem großen Topf zum Kochen bringen. Fügen Sie 2 Esslöffel Salz hinzu, dann die Nudeln. Gut umrühren. Bei starker Hitze unter häufigem Rühren kochen, bis es fast zart ist. Die Nudeln abtropfen lassen.

2. In einer großen Schüssel die Nudeln mit 2 Tassen Ragù, 1 Tasse Ricotta und der Hälfte des geriebenen Käses vermengen. Schneiden Sie einige der Fleischbällchen und Würste aus dem Ragù und rühren Sie sie in die Nudeln. (Das restliche Fleisch kann als zweiter Gang serviert werden.)

3. Stellen Sie einen Rost in die Mitte des Ofens. Heizen Sie den Ofen auf 350 ° F vor. Die Hälfte der Ziti in einer 13 × 9 × 2-Zoll-Auflaufform verteilen. Den restlichen Ricotta darauf verteilen. Mit dem Mozzarella bestreuen. 1 Tasse Sauce aufgießen. Top mit dem restlichen Ziti und einer weiteren Tasse Sauce. Mit dem restlichen 1/2 Tasse geriebenen Käse bestreuen. Decken Sie die Schüssel sicher mit Folie ab.

4. Backen Sie die Ziti 45 Minuten. Decken Sie es ab und backen Sie es noch 15 bis 30 Minuten oder bis sich die Klinge eines dünnen Messers in der Mitte heiß anfühlt und die Sauce an den Rändern sprudelt. 15 Minuten auf einem Rost abkühlen lassen. Heiß servieren.

Sizilianische gebackene Pasta

Pasta al Forno alla Siciliana

Ergibt 12 Portionen

Die sizilianische Familie meines Mannes freute sich darauf, diese Pasta zu besonderen Anlässen wie Weihnachten und Ostern zu essen. Es war eine Spezialität seiner Großmutter Adele Amico, die aus Palermo stammte.

Anellini "kleine Ringe" sind die typischen Nudelformen, die jedoch schwer zu finden sind. Fusilli lunghi, "lange Fusilli" oder Bucatini, dicke Spaghetti mit einem Loch in der Mitte, sind gute Ersatzstoffe. Dies ist ein perfektes Partygericht, da es in Etappen zubereitet oder einen Tag im Voraus komplett zusammengestellt werden kann und eine Menschenmenge bedient.

Wenn Sie sich nicht wohl fühlen, wenn Sie die Nudeln entformen, können Sie sie in Quadrate schneiden und direkt aus der Pfanne servieren. Eine Pause von 20 bis 30 Minuten nach dem Backen hilft der Pasta, ihre Form zu behalten.

Soße

¼ Tasse Olivenöl

1 mittelgroße Zwiebel, fein gehackt

2 Knoblauchzehen, fein gehackt

¼ Tasse Tomatenmark

4 (28 Unzen) Dosen importierten italienische geschälte Tomaten

Salz und frisch gemahlener schwarzer Pfeffer

¼ Tasse gehacktes frisches Basilikum

Füllung

2 Esslöffel Olivenöl

½ Pfund Rinderhackfleisch

½ Pfund gemahlenes Schweinefleisch

1 Knoblauchzehe, sehr fein gehackt

Salz und frisch gemahlener schwarzer Pfeffer

1 Tasse frische oder gefrorene Erbsen

2 Esslöffel ungesalzene Butter, erweicht

1 Tasse einfache trockene Semmelbrösel

2 Pfund Anellini oder Perciatelli

Salz

½ Tasse frisch geriebener Parmigiano-Reggiano

½ Tasse frisch geriebener Pecorino Romano

1 Tasse importiertes Provolone, gewürfelt

1. Sauce zubereiten: Öl in einen großen Topf geben. Fügen Sie die Zwiebel und den Knoblauch hinzu. Bei mittlerer Hitze 10 Minuten kochen lassen oder bis die Zwiebel und der Knoblauch zart und golden sind. Tomatenmark einrühren und 2 Minuten kochen lassen.

2. Fügen Sie die Tomaten hinzu und bringen Sie sie zum Kochen. Nach Belieben Salz und Pfeffer hinzufügen und 1 Stunde oder bis die Sauce eingedickt ist, unter gelegentlichem Rühren kochen. Basilikum einrühren.

3. Füllung vorbereiten: Das Öl in einer großen Pfanne bei mittlerer Hitze erhitzen. Fügen Sie das Fleisch, den Knoblauch sowie Salz und Pfeffer hinzu, um zu schmecken. 10 Minuten unter Rühren kochen, um die Klumpen aufzubrechen. Wenn das Fleisch gebräunt ist, fügen Sie zwei Tassen der vorbereiteten Tomatensauce hinzu. Zum Kochen bringen und ca. 20 Minuten

kochen lassen, bis sie eingedickt sind. Erbsen einrühren. Leicht abkühlen lassen.

4. Streichen Sie die Butter über den Boden und die Seiten einer 13 × 9 × 2-Zoll-Backform. Beschichten Sie die Pfanne mit den Semmelbröseln und klopfen Sie sie so, dass sie haften.

5. Stellen Sie einen Rost in die Mitte des Ofens. Heizen Sie den Ofen auf 375 ° F vor. In jeweils zwei großen Töpfen mindestens 4 Liter Wasser zum Kochen bringen. In jeden Topf 3 Esslöffel Salz geben, dann die Nudeln. Gut umrühren. Bei starker Hitze unter häufigem Rühren kochen, bis die Nudeln zart, aber leicht unterbacken sind. Die Nudeln abtropfen lassen und wieder in den Topf geben. Werfen Sie die Nudeln mit 3 Tassen der einfachen Tomatensauce und den geriebenen Käse.

6. Löffeln Sie vorsichtig die Hälfte der Nudeln in die vorbereitete Pfanne und versuchen Sie dabei, die Semmelbrösel nicht zu stören. Die Fleischfüllung gleichmäßig über die Nudeln geben. Die Käsewürfel darüber streuen. Die restlichen Nudeln darüber geben. Den Inhalt der Pfanne mit einem Löffel flachdrücken.

7. Halten Sie ein Kühlregal und ein großes Tablett oder Schneidebrett in der Größe der Pfanne bereit. Backen Sie 60 bis 90 Minuten oder bis die Nudeln durchgeheizt und knusprig sind.

Lassen Sie die Nudeln 30 Minuten in der Pfanne auf dem Rost abkühlen. Schieben Sie ein kleines Messer um den Rand der Pfanne. Schützen Sie Ihre Hände mit Topflappen und drehen Sie die Nudeln auf das Tablett oder Schneidebrett. In Quadrate schneiden und warm mit der restlichen Tomatensauce servieren.

Sophia Lorens gebackene Pasta

Pasta al Forno alla Loren

Ergibt 8 bis 10 Portionen

Die Schauspielerin Sophia Loren liebt es zu kochen und hat sogar Kochbücher geschrieben. Ihr richtiger Nachname ist Scicolone, genau wie meiner, obwohl mein Name von meinem Mann und seiner sizilianischen Familie stammt. Sophia kommt wie meine Großeltern aus Neapel, obwohl mein Mädchenname Scotto war. Ich werde oft gefragt, ob wir verwandt sind. Wir sind es nicht, obwohl ich Sophias Schönheit und Talent bewundere, sowohl als Schauspielerin als auch als Köchin.

Dies ist meine Interpretation eines Rezepts für gebackene Nudeln, das sie einmal als Lieblingsgericht für die Gesellschaft beschrieben hat. Wenn Sie das Gericht im Voraus vorbereitet und im Kühlschrank aufbewahrt haben, müssen Sie die Backzeit um mindestens eine halbe Stunde verlängern.

4 Tassen Sauce nach Bologna-Art oder andere Fleisch- und Tomatensauce

    4 Tassen Bechamelsauce

Salz

1 1/2 Pfund Penne, Ziti oder Mostaccioli

1 Tasse frisch geriebener Parmigiano-Reggiano

1. Bereiten Sie gegebenenfalls die beiden Saucen vor. Dann eine 13 × 9 × 2-Zoll-Backform mit Butter bestreichen.

2. In einem großen Topf mindestens 4 Liter Wasser zum Kochen bringen. Fügen Sie 2 Esslöffel Salz hinzu, dann die Nudeln. Gut umrühren. Bei starker Hitze unter häufigem Rühren kochen, bis die Nudeln fast zart sind. Die Nudeln abtropfen lassen.

3. Stellen Sie einen Rost in die Mitte des Ofens. Heizen Sie den Ofen auf 400 ° F vor. 1/4 Tasse Käse beiseite stellen. Werfen Sie die Nudeln mit der Hälfte der Bolognese-Sauce. Etwa 1/3 der Nudeln in der Pfanne verteilen. Etwa 1/3 der Béchamelsauce und des Käses darüber geben. Mit zusätzlicher Bolognese-Sauce dotieren.

4. Wiederholen Sie diesen Vorgang und fügen Sie zwei weitere Schichten hinzu, wobei Sie alle Zutaten verwenden. Mit dem reservierten Käse bestreuen.

5. Decken Sie die Pfanne mit Folie ab. Backen Sie, bis sich an den Rändern Blasen bilden und sich die Klinge eines dünnen Messers in der Mitte heiß anfühlt (ca. 45 Minuten). Decken Sie auf und backen Sie weitere 15 Minuten. Die Nudeln aus dem Ofen nehmen. 15 Minuten auf einem Rost abkühlen lassen. Heiß servieren.

Linguine mit Muschelsauce

Linguine alle Vongole

Ergibt 4 bis 6 Portionen

Verwenden Sie die kleinsten Muscheln, die Sie finden können, z. B. Manila-Muscheln oder kleine Engpässe. Neuseeländische Herzmuscheln sind in meiner Region weit verbreitet und möglicherweise auch in Ihrer Region. Diese funktionieren auch gut. Italiener verwenden zarte, vongole, zarte Hartschalenmuscheln mit wunderschönen Zick-Zack-Markierungen. Entweder sind diese Muscheln nicht sehr sandig oder sie werden vor dem Kochen gut gereinigt, da die Italiener sich nicht die Mühe machen, die Muscheln vor der Herstellung der Sauce aus ihren Schalen zu entfernen.

Linguine mit Muschelsauce sollte nicht mit geriebenem Käse serviert werden.

3 Pfund kleine Hartschalenmuscheln oder neuseeländische Herzmuscheln, gut geschrubbt

1/3 Tasse natives Olivenöl extra sowie mehr zum Nieseln

4 Knoblauchzehen, fein gehackt

2 Esslöffel gehackte frische Petersilie

Prise zerkleinerten roten Pfeffer

1 Pfund Linguine

Salz

1. Legen Sie die Muscheln in einen großen Topf mit 1/4 Tasse Wasser bei mittlerer bis hoher Hitze. Decken Sie den Topf ab und kochen Sie, bis die Flüssigkeit kocht und sich die Muscheln öffnen. Entfernen Sie die geöffneten Muscheln mit einem geschlitzten Löffel und geben Sie sie in eine Schüssel. Kochen Sie die ungeöffneten Muscheln weiter. Werfen Sie alle weg, die sich nicht öffnen lassen. Reserviere die Muschelsäfte.

2. Arbeiten Sie über einer kleinen Schüssel, um die Säfte aufzufangen, kratzen Sie die Muscheln von den Schalen und legen Sie sie in eine andere Schüssel. Gießen Sie die gesamte Flüssigkeit aus dem Topf mit den Säften in die Schüssel. Wenn die Muscheln sandig sind, spülen Sie sie einzeln in den Muschelsäften aus. Führen Sie die Flüssigkeit durch ein feinmaschiges Sieb, das mit einem Käsetuch ausgekleidet ist.

3. Gießen Sie das Öl in eine Pfanne, die groß genug ist, um die gekochten Nudeln aufzunehmen. Fügen Sie den Knoblauch, die

Petersilie und den zerkleinerten roten Pfeffer hinzu. Bei mittlerer Hitze ca. 2 Minuten kochen, bis der Knoblauch golden ist. Fügen Sie die Muschelsäfte hinzu. Kochen, bis die Flüssigkeit halbiert ist. Muscheln einrühren. Noch 1 Minute kochen.

4. In der Zwischenzeit mindestens 4 Liter Wasser in einem großen Topf zum Kochen bringen. Fügen Sie 2 Esslöffel Salz und dann die Linguine hinzu und drücken Sie sie vorsichtig nach unten, bis die Nudeln vollständig mit Wasser bedeckt sind. Gut umrühren. Unter häufigem Rühren kochen, bis die Linguine al dente ist, zart und dennoch bissfest. Die Nudeln abtropfen lassen.

5. Die Nudeln mit der Sauce in die Pfanne geben und bei starker Hitze gut verrühren. Fügen Sie einen Spritzer Olivenöl extra vergine hinzu und werfen Sie es erneut. Sofort servieren.

Toskanische Spaghetti mit Muscheln

Spaghetti alla Viareggina

Ergibt 4 bis 6 Portionen

Hier ist eine andere Version von Spaghetti mit Muscheln, wie sie in Viareggio an der toskanischen Küste hergestellt werden. Zwiebeln, Wein und Tomaten verleihen der Sauce einen komplexeren Geschmack.

3 Pfund kleine Hartschalenmuscheln oder neuseeländische Herzmuscheln, gut geschrubbt

Salz

1/3 Tasse Olivenöl

1 kleine Zwiebel, fein gehackt

2 Knoblauchzehen, fein gehackt

Prise zerkleinerten roten Pfeffer

11/2 Tassen geschälte, entkernte und gehackte frische Tomaten oder abgetropfte und gehackte importierte italienische Tomaten in Dosen

1/2 Tasse trockener Weißwein

2 Esslöffel gehackte frische Petersilie

1 Pfund Spaghetti oder Linguine

1. Legen Sie die Muscheln in einen großen Topf mit 1/4 Tasse Wasser bei mittlerer bis hoher Hitze. Decken Sie den Topf ab und kochen Sie, bis die Flüssigkeit kocht und sich die Muscheln öffnen. Entfernen Sie die geöffneten Muscheln mit einem geschlitzten Löffel und geben Sie sie in eine Schüssel. Kochen Sie die ungeöffneten Muscheln weiter. Entsorgen Sie alle nicht geöffneten.

2. Arbeiten Sie über einer kleinen Schüssel, um die Säfte aufzufangen, kratzen Sie die Muscheln von den Schalen und legen Sie sie in eine andere Schüssel. Gießen Sie die gesamte Flüssigkeit aus dem Topf mit den Säften in die Schüssel. Wenn die Muscheln sandig sind, spülen Sie sie einzeln in den Muschelsäften aus. Führen Sie die Flüssigkeit durch ein feinmaschiges Sieb, das mit einem Käsetuch ausgekleidet ist.

3. Gießen Sie das Öl in einen großen Topf. Fügen Sie die Zwiebel hinzu und kochen Sie sie unter häufigem Rühren bei mittlerer Hitze etwa 10 Minuten lang, bis die Zwiebel golden ist. Fügen Sie den Knoblauch und den zerkleinerten roten Pfeffer hinzu und kochen Sie weitere 2 Minuten.

4. Tomaten, Wein und Muschelsaft unterrühren. 20 Minuten köcheln lassen oder bis die Sauce reduziert und eingedickt ist.

5. In einem großen Topf mindestens 4 Liter Wasser zum Kochen bringen. Fügen Sie 2 Esslöffel Salz und dann die Nudeln hinzu und drücken Sie sie vorsichtig nach unten, bis die Nudeln vollständig mit Wasser bedeckt sind. Gut umrühren. Bei starker Hitze unter häufigem Rühren kochen, bis die Nudeln al dente, zart und dennoch bissfest sind. Etwas Kochwasser beiseite stellen. Die Nudeln abtropfen lassen.

6. Rühren Sie die Muscheln und Petersilie in die Sauce. Fügen Sie bei Bedarf etwas Wasser hinzu. In einer erhitzten Schüssel die Sauce und die Nudeln zusammen werfen. Sofort servieren.

Linguine mit Sardellen und würziger Tomatensauce

Linguine alla Puttanesca

Ergibt 4 bis 6 Portionen

Die übliche Erklärung für den italienischen Namen dieser leckeren Sauce ist, dass sie entweder von römischen oder neapolitanischen Straßenläufern erfunden wurde, die wenig Zeit zum Kochen hatten, aber eine warme, leckere Mahlzeit wollten.

¼ Tasse Olivenöl

3 Knoblauchzehen, sehr fein gehackt

Prise zerkleinerten roten Pfeffer

1 (28 Unzen) Dose importierte italienische geschälte Tomaten, abgetropft und gehackt

Salz

6 gehackte Sardellenfilets

½ Tasse gehackte Gaeta oder andere milde schwarze Oliven

2 Esslöffel gehackte gespülte Kapern

2 Esslöffel gehackte frische Petersilie

1 Pfund Linguine oder Spaghetti

1. Gießen Sie das Öl in eine Pfanne, die groß genug ist, um alle gekochten Nudeln aufzunehmen. Fügen Sie den Knoblauch und den zerkleinerten roten Pfeffer hinzu. Kochen, bis der Knoblauch golden ist, ca. 2 Minuten.

2. Fügen Sie die Tomaten und eine Prise Salz hinzu. Zum Kochen bringen und 15 bis 20 Minuten kochen lassen oder bis die Sauce eingedickt ist.

3. Die Sardellen, Oliven und Kapern hinzufügen und weitere 2 bis 3 Minuten köcheln lassen. Petersilie einrühren.

4. In einem großen Topf mindestens 4 Liter Wasser zum Kochen bringen. Fügen Sie die Linguine und das Salz hinzu, um zu schmecken. Drücken Sie die Nudeln vorsichtig nach unten, bis sie vollständig mit Wasser bedeckt sind. Unter häufigem Rühren kochen, bis die Nudeln al dente sind, zart und dennoch bissfest. Etwas Kochwasser beiseite stellen. Die Nudeln abtropfen lassen.

5. Die Nudeln mit der Sauce in die Pfanne geben. 1 Minute bei starker Hitze werfen und bei Bedarf etwas Kochwasser hinzufügen. Sofort servieren.

Linguine mit Krabben und kleinen Tomaten

Linguine al Granchio

Ergibt 4 bis 6 Portionen

In Neapel verleihen winzige getrocknete Chilischoten vielen Meeresfrüchtesaucen Geschmack, verwenden jedoch scharfen roten Pfeffer sparsam, da dies die Delikatesse des Krabbenfleisches überwältigen kann. Gleiches gilt für den Knoblauch, der in diesem Rezept nur zum Würzen des Speiseöls verwendet und dann entfernt wird, bevor die Tomaten und Krabben hinzugefügt werden.

⅓ Tasse Olivenöl

3 große Knoblauchzehen, zerkleinert

Prise zerkleinerten roten Pfeffer

2 Pints Kirsch- oder Traubentomaten, halbiert oder geviertelt, wenn groß

Salz und frisch gemahlener schwarzer Pfeffer

8 Unzen frisches Klumpenkrabbenfleisch, gepflückt, um Schalenstücke zu entfernen, oder gehackter gekochter Hummer

8 frische Basilikumblätter, in Stücke gerissen

1 Pfund Linguine

1. Gießen Sie das Öl in eine große Pfanne. Fügen Sie die Knoblauchzehen und den roten Pfeffer hinzu und kochen Sie sie bei mittlerer Hitze. Drücken Sie ein- oder zweimal mit der Rückseite eines Löffels auf den Knoblauch, bis der Knoblauch tief golden ist (ca. 4 Minuten). Entfernen Sie den Knoblauch mit einem geschlitzten Löffel.

2. Fügen Sie die Tomaten und Salz und Pfeffer hinzu, um zu schmecken. Unter häufigem Rühren etwa 10 Minuten kochen, bis die Tomaten weich sind und ihre Säfte freigesetzt haben.

3. Krabben und Basilikum vorsichtig einrühren. Vom Herd nehmen.

4. In einem großen Topf mindestens 4 Liter Wasser zum Kochen bringen. Fügen Sie 2 Esslöffel Salz und dann die Nudeln hinzu und drücken Sie sie vorsichtig nach unten, bis die Nudeln vollständig mit Wasser bedeckt sind. Gut umrühren. Bei starker Hitze unter häufigem Rühren kochen, bis die Linguine al dente ist, zart und dennoch bissfest.

5. Die Nudeln abtropfen lassen und etwas Kochwasser aufheben. Die Nudeln mit der Sauce in die Pfanne geben und etwas Wasser

hinzufügen, wenn es trocken erscheint. Bei starker Hitze 1 Minute werfen. Sofort servieren.

Linguine mit gemischter Meeresfrüchtesauce

Linguine ai Frutti di Mare

Ergibt 4 bis 6 Portionen

Süße kleine Traubentomaten sind voller Geschmack wie die Pomodorini della Collina, kleine Hang-Tomaten, die in der Nähe von Neapel angebaut werden. Wenn keine Traubentomaten verfügbar sind, verwenden Sie stattdessen Kirschtomaten oder gehackte frische Pflaumentomaten.

Diese Sauce kann in der kurzen Zeit zubereitet werden, die zum Kochen der Nudeln benötigt wird. Um sicherzustellen, dass nichts verkocht wird, halten Sie alle Zutaten und die benötigte Ausrüstung bereit, bevor Sie beginnen. Um Zeit und Mühe zu sparen, können Sie vorgeschnittene Calamari-Ringe (Tintenfischringe) verwenden.

1 Pfund gereinigter Calamari (Tintenfisch)

6 Esslöffel natives Olivenöl extra sowie mehr zum Nieseln

Salz

1 Pfund mittelgroße Garnelen, geschält und entdarmt

2 große Knoblauchzehen, sehr fein gehackt

¼ Tasse gehackte frische flache Petersilie

Prise zerkleinerten roten Pfeffer

1 Pint Traube oder Kirschtomaten, halbiert

1 Pfund kleine Hartschalenmuscheln oder Muscheln, gereinigt und geschält wie in den Schritten 1 und 2 von beschriebenLinguine mit Muschelsauce, einschließlich Saft

1 Pfund Linguine oder dünne Spaghetti

1. Schneiden Sie die Calamari-Körper in 1/2-Zoll-Ringe und die Basis der Tentakeln quer in zwei Hälften. Schneiden Sie die Garnelen in 1/2-Zoll-Stücke. Die Meeresfrüchte trocken tupfen.

2. In einer Pfanne, die groß genug ist, um alle Zutaten aufzunehmen, 4 Esslöffel Öl bei mittlerer bis hoher Hitze erhitzen. Fügen Sie die Calamari und das Salz hinzu, um zu schmecken. Unter häufigem Rühren ca. 2 Minuten kochen, bis die Calamari nur noch undurchsichtig sind. Die Calamari mit einem geschlitzten Löffel herausschöpfen und auf einen Teller geben. Garnelen und Salz nach Belieben in die Pfanne geben. 1 Minute unter Rühren kochen, bis die Garnelen nur noch rosa sind. Übertragen Sie die Garnelen mit der Calamari auf den Teller.

3. Die restlichen 2 Esslöffel Öl sowie Knoblauch, Petersilie und Paprika in die Pfanne geben. Unter Rühren ca. 2 Minuten kochen, bis der Knoblauch goldbraun ist. Fügen Sie die Tomaten und Muschelsaft hinzu. 5 Minuten kochen lassen oder bis die Tomaten weich sind. Calamari, Garnelen und Muscheln einrühren.

4. In einem großen Topf mindestens 4 Liter Wasser zum Kochen bringen. Fügen Sie 2 Esslöffel Salz und dann die Nudeln hinzu und drücken Sie sie vorsichtig nach unten, bis die Nudeln vollständig mit Wasser bedeckt sind. Gut umrühren. Bei starker Hitze unter häufigem Rühren kochen, bis die Nudeln al dente, zart und dennoch bissfest sind. Die Nudeln abtropfen lassen und etwas Kochwasser aufheben.

5. Die Nudeln mit den Meeresfrüchten in die Pfanne geben. Bei starker Hitze 30 Sekunden kochen lassen und die Nudeln mit der Sauce vermengen. Fügen Sie bei Bedarf etwas Kochwasser hinzu. Mit nativem Olivenöl extra beträufeln und erneut werfen. Heiß servieren.

Dünne Spaghetti mit Bottarga

Spaghettini con Bottarga

Ergibt 4 bis 6 Portionen

Bottarga ist der getrocknete gesalzene Rogen von Meeräsche, Thunfisch oder anderem Fisch. Das meiste davon kommt aus Sardinien oder Sizilien. Es wird in einem ganzen Stück im Kühlschrank vieler Fischmärkte und Gourmet-Läden verkauft und mit einem Gemüseschäler oder einer Käsereibe rasiert oder gerieben. Es gibt auch einen getrockneten, pulverisierten Typ, der in Gläsern verkauft wird. Es ist praktisch, aber ich bevorzuge die gekühlte Variante. Der Geschmack von Bottarga liegt irgendwo zwischen dem von Kaviar und hochwertigen Sardellen.

1/3 Tasse natives Olivenöl extra

2 Knoblauchzehen, fein gehackt

2 Esslöffel gehackte frische Petersilie

Prise zerkleinerten roten Pfeffer

Salz

1 Pfund dünne Spaghetti

3 bis 4 Esslöffel rasierte oder geriebene Bottarga

1. Gießen Sie das Öl in eine Pfanne, die groß genug ist, um alle Nudeln aufzunehmen. Fügen Sie den Knoblauch, die Petersilie und den Pfeffer hinzu. Bei mittlerer Hitze ca. 2 Minuten kochen, bis der Knoblauch golden ist.

2. In einem großen Topf mindestens 4 Liter Wasser zum Kochen bringen. Fügen Sie 2 Esslöffel Salz hinzu, dann die Nudeln. Gut umrühren und die Nudeln vorsichtig nach unten drücken, bis sie vollständig mit Wasser bedeckt sind. Bei starker Hitze unter häufigem Rühren kochen, bis die Nudeln al dente, zart und dennoch bissfest sind. Die Nudeln abtropfen lassen und etwas Kochwasser aufheben.

3. Die Nudeln in die Pfanne geben und 1 Minute bei starker Hitze gut verrühren. Bei Bedarf etwas Kochwasser hinzufügen. Mit der Bottarga bestreuen und erneut werfen. Sofort servieren.

Venezianische Vollkornspaghetti in Sardellensauce

Bigoli in Salsa

Ergibt 4 bis 6 Portionen

In Venedig werden dicke Vollkornspaghetti mit einem speziellen Gerät namens Torchio handgefertigt, das so etwas wie ein Fleischwolf funktioniert. Der Teig wird durch kleine Löcher im Fackel gepresst und tritt als lange Stränge aus. Für dieses Rezept, das ein venezianischer Klassiker ist, verwende ich getrocknete Vollkornspaghetti.

¼ Tasse Olivenöl

2 mittelrote Zwiebeln, halbiert und in dünne Scheiben geschnitten

½ Tasse trockener Weißwein

1 (3 Unzen) Glas Sardellenfilets

Salz

1 Pfund Vollkornspaghetti

Frisch gemahlener schwarzer Pfeffer

1. Gießen Sie das Öl in eine Pfanne, die groß genug ist, um alle Nudeln aufzunehmen. Fügen Sie die Zwiebeln hinzu und kochen Sie sie bei mittlerer Hitze etwa 10 Minuten lang, bis die Zwiebeln goldbraun sind. Fügen Sie den Wein hinzu und kochen Sie unter häufigem Rühren, bis die Zwiebeln weich, aber nicht gebräunt sind, weitere 15 Minuten.

2. Die Sardellen abtropfen lassen und das Öl aufbewahren. Die Sardellen in die Pfanne geben und umrühren. Weitere 10 Minuten unter häufigem Rühren kochen, bis sich die Sardellen aufgelöst haben.

3. In einem großen Topf mindestens 4 Liter Wasser zum Kochen bringen. Fügen Sie 2 Esslöffel Salz hinzu, dann die Nudeln. Gut umrühren und die Nudeln vorsichtig nach unten drücken, bis sie vollständig mit Wasser bedeckt sind. Bei starker Hitze unter häufigem Rühren kochen, bis die Nudeln al dente, zart und dennoch bissfest sind. Etwas Kochwasser beiseite stellen. Die Nudeln abtropfen lassen.

4. Die Nudeln mit der Sauce in die Pfanne geben und 1 Minute bei starker Hitze zusammenrühren. Bei Bedarf etwas Wasser hinzufügen. Auf Wunsch mit etwas reserviertem Sardellenöl beträufeln und mit frisch gemahlenem Pfeffer belegen. Sofort servieren.

Spaghetti nach Capri-Art

Spaghetti alla Caprese

Ergibt 4 bis 6 Portionen

Fisch und Käse werden in Italien selten kombiniert, da die Schärfe des Käses die Delikatesse des Fisches überwältigen kann. Für jede Regel gibt es jedoch eine Ausnahme. Hier ist eine Pasta von der Insel Capri, die zwei Fischarten mit Mozzarella kombiniert. Die Aromen wirken, weil der Käse mild und reichhaltig ist, aber leicht von Sardellen und Thunfisch dominiert wird.

1/3 Tasse Olivenöl

2 Tassen geschälte, entkernte und gehackte frische Tomaten oder abgetropfte und gehackte importierte italienische Tomaten in Dosen

Salz

4 gehackte Sardellenfilets

1 (7 Unzen) Dose Thunfisch in Olivenöl, abgetropft und gehackt

12 Gaeta oder andere milde schwarze Oliven, entkernt und gehackt

Frisch gemahlener schwarzer Pfeffer

1 Pfund Spaghetti

Salz

4 Unzen frischer Mozzarella, gewürfelt

1. In einer Pfanne, die groß genug ist, um die gekochten Nudeln aufzunehmen, das Olivenöl bei mittlerer Hitze erhitzen. Fügen Sie die Tomaten und das Salz hinzu, um zu schmecken. Unter gelegentlichem Rühren 10 bis 15 Minuten kochen lassen oder bis die Tomatensäfte verdunstet sind. Schalten Sie die Heizung aus.

2. Rühren Sie die gehackten Zutaten in die Tomatensauce. Nach Belieben Pfeffer hinzufügen.

3. In einem großen Topf mindestens 4 Liter Wasser zum Kochen bringen. Fügen Sie 2 Esslöffel Salz hinzu, dann die Nudeln. Gut umrühren und die Nudeln vorsichtig nach unten drücken, bis sie vollständig mit Wasser bedeckt sind. Bei starker Hitze unter häufigem Rühren kochen, bis die Nudeln al dente, zart und dennoch bissfest sind. Die Nudeln abtropfen lassen und etwas Kochwasser aufheben.

4. Die Nudeln mit der Sauce in die Pfanne geben und 1 Minute bei mittlerer Hitze gut verrühren. Fügen Sie ein wenig Wasser hinzu, wenn die Nudeln trocken erscheinen. Fügen Sie den Mozzarella hinzu und werfen Sie ihn erneut. Sofort servieren.

Linguine mit Garnelen nach venezianischer Art

Linguine al Gamberi alla Veneta

Ergibt 6 Portionen

Vielleicht weil ihre Stadt einst ein wichtiger Handelshafen mit dem Osten war, waren venezianische Köche immer offen für Experimente. Diese Linguine zum Beispiel wird mit einer Scheibe frischem Ingwer gewürzt, die in der italienischen Küche nicht oft verwendet wird, aber wunderbar mit Garnelen zusammenarbeitet.

1 1/2 Pfund große Garnelen, geschält und entdarmt

1/2 Tasse Olivenöl

3 Knoblauchzehen, fein gehackt

1/4 Zoll dickes Stück frischer Ingwer, geschält

Prise zerkleinerten roten Pfeffer

Salz nach Geschmack

1 Esslöffel frischer Zitronensaft

1 Tasse trockener Weißwein

2 Esslöffel gehackte frische Petersilie

1 Pfund Linguine

1. Garnelen abspülen und trocken tupfen. Schneiden Sie jede Garnele in 1/2-Zoll-Stücke.

2. Gießen Sie das Öl in eine Pfanne, die groß genug ist, um alle gekochten Nudeln aufzunehmen. Fügen Sie den Knoblauch, den Ingwer und den zerkleinerten roten Pfeffer hinzu. Bei mittlerer Hitze ca. 2 Minuten kochen, bis der Knoblauch golden ist. Fügen Sie die Garnelen und eine große Prise Salz hinzu. Unter Rühren ca. 2 Minuten kochen, bis die Garnelen gar sind. Zitronensaft und Wein dazugeben und zum Kochen bringen. 2 Minuten kochen. Petersilie einrühren. Vom Herd nehmen.

3. In einem großen Topf mindestens 4 Liter Wasser zum Kochen bringen. Fügen Sie 2 Esslöffel Salz hinzu, dann die Nudeln. Gut umrühren und die Nudeln vorsichtig nach unten drücken, bis sie vollständig mit Wasser bedeckt sind. Bei starker Hitze unter häufigem Rühren kochen, bis die Nudeln al dente, zart und dennoch bissfest sind. Die Nudeln abtropfen lassen und etwas Kochwasser aufheben.

4. Die Nudeln in die Pfanne geben und 1 Minute bei starker Hitze rühren, bis alles gut vermischt ist. Fügen Sie bei Bedarf etwas Kochwasser hinzu. Entfernen Sie den Ingwer. Sofort servieren.

Pasta mit Sardinen und Fenchel

Pasta con le Sarde

Ergibt 6 Portionen

Sizilianer sind begeistert von diesem Gericht, und jeder Koch behauptet, das beste und authentischste Rezept zu haben. Einige fügen Tomaten hinzu und einige schmoren die Sardinen zusammen mit dem Fenchel, aber ich bevorzuge diese Methode, die Sardinen separat zu kochen und sie mit den Nudeln zu überziehen und die Tomaten für ein anderes Rezept aufzubewahren.

Fenchel wächst in ganz Sizilien wild und aus den grünen Wedeln werden diese Nudeln hergestellt. Kultivierter Fenchel hat nicht den gleichen Geschmack, aber der wilde Fenchel ist hier nicht weit verbreitet. Ich verwende eine Kombination aus frischem Dill und kultiviertem Fenchel, um den Geschmack dieses klassischen sizilianischen Gerichts zu approximieren. Geröstete Semmelbrösel, nicht Käse, sind das geeignete Topping.

2 mittelgroße Fenchelknollen, geschnitten und in Scheiben geschnitten

1 Tasse gehackter frischer Dill

1/2 Teelöffel Safranfäden

½ Tasse plus 1 Esslöffel Olivenöl

¼ Tasse einfache trockene Semmelbrösel

1 Pfund frische Sardinen, gereinigt und filetiert (siehe Hinweis)

Salz und frisch gemahlener schwarzer Pfeffer

1 große Zwiebel, gehackt

6 Sardellenfilets

½ Tasse getrocknete Johannisbeeren

½ Tasse Pinienkerne

1 Pfund Perciatelli oder Bucatini

1. In einem großen Topf mindestens 4 Liter Wasser zum Kochen bringen. Fügen Sie den Fenchel und den Dill hinzu und kochen Sie ihn ca. 10 Minuten lang, bis er weich ist, wenn Sie ihn mit einer Gabel durchbohren. Den Fenchel herausschöpfen und mit einem geschlitzten Löffel dillieren, dabei das kochende Wasser aufbewahren. Fenchel und Dill abkühlen lassen und fein hacken. In einer kleinen Schüssel die Safranfäden in 2 Esslöffel Fenchelwasser einweichen.

2. In einer kleinen Pfanne 1 Esslöffel Öl bei mittlerer Hitze erhitzen und die Semmelbrösel unter ständigem Rühren etwa 5 Minuten lang rösten, bis sie geröstet sind.

3. In einer großen Pfanne 1/4 Tasse Öl erhitzen. Braten Sie die Sardinen mit der Schnittseite zuerst im Öl an, bis sie durchgegart sind, ungefähr 1 Minute auf jeder Seite. Mit Salz und Pfeffer bestreuen. Übertragen Sie die Sardinen auf einen Teller.

4. Wischen Sie die Pfanne aus. Gießen Sie die restlichen 1/4 Tasse Öl in die Pfanne. Fügen Sie die Zwiebel hinzu und kochen Sie sie bei mittlerer Hitze etwa 10 Minuten lang goldbraun. Fügen Sie die Sardellen, Johannisbeeren, Pinienkerne, Safran sowie Salz und Pfeffer nach Geschmack hinzu. 10 Minuten unter häufigem Rühren kochen.

5. Den Fenchel und den Dill mit einer Tasse Kochwasser zur Zwiebel geben. 10 Minuten unter Rühren kochen.

6. Geben Sie mehr Wasser in den Topf, um 4 Liter Wasser zum Kochen der Nudeln zu erhalten. Das Wasser zum Kochen bringen. Fügen Sie 2 Esslöffel Salz hinzu, dann die Nudeln. Gut umrühren und die Nudeln vorsichtig nach unten drücken, bis sie vollständig mit Wasser bedeckt sind. Bei starker Hitze unter häufigem Rühren kochen, bis die Nudeln al dente, zart und dennoch bissfest sind. Die Nudeln abtropfen lassen.

7. Übertragen Sie die Nudeln mit der Fenchelmischung in die Pfanne und werfen Sie sie gut um. Die Hälfte der Nudeln in eine warme Schüssel geben. Mit der Hälfte der Sardinen bestreichen. Fügen Sie die restlichen Nudeln hinzu. Mit den Semmelbröseln bestreuen und mit den Sardinen belegen. Sofort servieren.

Penne mit Zucchini, Schwertfisch und Kräutern

Penne con Zucchine und Pesce Spada

Ergibt 4 bis 6 Portionen

Diese Pasta ist inspiriert von einer, die ich in einem italienischen Lieblingskochmagazin, A Tavola ("am Tisch"), in einer Geschichte über das Kochen in einem Strandhaus gesehen habe. Die Schale und die Kräuter machen das Gericht leicht und frisch. Es ist perfekt an einem Sommertag - auch wenn Sie nicht am Strand sind - gefolgt von einem Tomatensalat.

¼ Tasse Olivenöl

12 Unzen Schwertfisch, geschnitten und in 1/2-Zoll-Würfel geschnitten

Salz und frisch gemahlener schwarzer Pfeffer

4 bis 6 kleine Zucchini, etwa 1 Pfund, in 1/2-Zoll-Stücke geschnitten

4 grüne Zwiebeln, gehackt

2 Esslöffel gehackter frischer Rosmarin

2 Esslöffel gehackter frischer Schnittlauch

1 Esslöffel gehackte frische Minze

½ Teelöffel getrockneter Oregano, zerbröckelt

½ Teelöffel geriebene Zitronenschale

1 Pfund Penne

1. In einer großen Pfanne 1 Esslöffel Öl bei mittlerer Hitze erhitzen. Fügen Sie den Schwertfisch hinzu und kochen Sie ihn ca. 5 Minuten lang, bis der Fisch seine rosa Farbe verliert. Entfernen Sie den Schwertfisch und übertragen Sie ihn auf einen Teller. Mit Salz und Pfeffer bestreuen.

2. Die restlichen 3 Esslöffel Öl in die Pfanne geben und bei mittlerer Hitze erhitzen. Fügen Sie die Zucchini, die Frühlingszwiebeln und das Salz hinzu, um zu schmecken. Unter häufigem Rühren etwa 10 Minuten kochen, bis die Zucchini gerade zart sind.

3. Legen Sie den Schwertfisch wieder in die Pfanne. Kräuter und Zitronenschale einrühren und vom Herd nehmen.

4. In einem großen Topf mindestens 4 Liter Wasser zum Kochen bringen. Fügen Sie 2 Esslöffel Salz hinzu, dann die Nudeln. Gut umrühren. Bei starker Hitze unter häufigem Rühren kochen, bis die Nudeln al dente, zart und dennoch bissfest sind. Die Nudeln abtropfen lassen und etwas Kochwasser aufheben.

5. Die Nudeln in die Pfanne geben und 1 Minute bei starker Hitze mischen. Fügen Sie bei Bedarf etwas reserviertes Nudelwasser hinzu. Sofort servieren.

Heiligabend Spaghetti mit Baccala

Spaghetti con la Baccala

Ergibt 6 Portionen

Baccala ist ein wichtiger Bestandteil der Fischkarte, die an Heiligabend in den meisten süditalienischen Häusern serviert wird. Dieses Rezept wurde mir von meiner Tante Millie Castagliola gegeben, deren Familie aus Sizilien stammte. Tante Millie macht dieselbe Sauce als Füllung für eine Doppelkrustenpizza.

1 Pfund Stockfisch oder Baccala,

Salz

¼ Tasse Olivenöl

2 mittelgroße Zwiebeln, dünn geschnitten

2 Sellerierippen, in dünne Scheiben geschnitten

2 Knoblauchzehen, fein gehackt

2 Tassen gehackte Dosen importierte italienische Tomaten mit ihrem Saft

Prise zerkleinerten roten Pfeffer

½ Tasse geschnittene grüne Oliven

2 Esslöffel Kapern, gespült und abgetropft

1 Pfund Spaghetti oder Linguine

Natives Olivenöl extra

1. Etwa 1 Liter Wasser in einem breiten Topf zum Kochen bringen. Fügen Sie den Fisch und das Salz hinzu, um zu schmecken. Reduzieren Sie die Hitze auf niedrig. Den Fisch ca. 10 Minuten köcheln lassen, bis er sehr zart ist. Entfernen Sie den Fisch mit einem geschlitzten Löffel. Leicht abkühlen lassen. Entfernen Sie mit Ihren Fingern Haut und Knochen. Den Fisch in mundgerechte Stücke schneiden.

2. Gießen Sie das Öl in einen großen Topf. Fügen Sie die Zwiebeln und den Sellerie hinzu und kochen Sie sie bei mittlerer Hitze etwa 15 Minuten lang, bis das Gemüse goldbraun ist. Knoblauch einrühren und weitere 2 Minuten kochen lassen.

3. Fügen Sie die Tomaten und den roten Pfeffer hinzu. Unter gelegentlichem Rühren 20 bis 30 Minuten kochen, bis die Sauce dick ist.

4. Fügen Sie den Fisch, die Oliven und die Kapern hinzu und kochen Sie 10 Minuten. Geschmack nach Salz.

5. In einem großen Topf mindestens 4 Liter Wasser zum Kochen bringen. Fügen Sie 2 Esslöffel Salz hinzu, dann die Nudeln. Gut umrühren und die Nudeln vorsichtig nach unten drücken, bis sie vollständig mit Wasser bedeckt sind. Unter häufigem Rühren kochen, bis die Nudeln al dente sind, zart und dennoch bissfest. Die Nudeln abtropfen lassen und etwas Kochwasser aufheben.

6. Die Nudeln mit der Sauce in die Pfanne geben. Bei mittlerer Hitze gut umrühren und bei Bedarf etwas Kochwasser hinzufügen. Mit etwas nativem Olivenöl extra beträufeln und sofort servieren.

Linguine mit Thunfischpesto

Linguine al Tonno

Ergibt 4 bis 6 Portionen

Die ungekochte Sauce für diese sizilianische Pasta ähnelt Pesto, ist aber mit Sardellen gewürzt. Kurz vor dem Servieren werden die Sauce und die Nudeln mit Thunfischkonserven geworfen.

1 Tasse dicht gepackte frische Basilikumblätter

¾ Tasse dicht gepackte frische Petersilienblätter

⅓ Tasse Pinienkerne

2 mittelgroße Knoblauchzehen

1 (2 Unzen) Dose Sardellenfilets, abgetropft

⅓ Tasse natives Olivenöl extra

2 Esslöffel frischer Zitronensaft

1 (7 Unzen) Dose Thunfisch in Öl (vorzugsweise importierter italienischer oder spanischer Thunfisch in Olivenöl)

Salz

1 Pfund Linguine

1. In einer Küchenmaschine mit Stahlklinge Basilikum, Petersilie, Pinienkerne und Knoblauch fein hacken. Sardellenfilets, Öl und Zitronensaft hinzufügen und glatt rühren.

2. In einem großen Topf mindestens 4 Liter Wasser zum Kochen bringen. In einer großen Schüssel den Thunfisch mit einer Gabel zerdrücken. Sauce einrühren.

3. 2 Esslöffel Salz und dann die Nudeln in das kochende Wasser geben. Gut umrühren und die Nudeln vorsichtig nach unten drücken, bis sie vollständig mit Wasser bedeckt sind. Die Nudeln unter häufigem Rühren al dente kochen, zart und dennoch bissfest. Die Nudeln abtropfen lassen und etwas Kochwasser aufheben.

4. Die Nudeln mit der Sauce in die Schüssel geben. Fügen Sie etwas Kochwasser hinzu und werfen Sie es gut um. Sofort servieren.

Kalte Pasta mit Gemüsekonfetti und Meeresfrüchten

Pasta Fredda con Verdure e Crostacei

Ergibt 6 bis 8 Portionen

Bei einer Reise nach Italien war der Hauptgrund, warum ich Argenta, eine kleine Stadt in der Emilia-Romagna, besuchte, das Essen in einem guten Restaurant namens Il Trigabolo. Das Restaurant ist jetzt geschlossen, aber ich erinnere mich noch an meine Freude, als sie mir diese erfrischende kalte Pasta servierten, knusprig mit etwas gehacktem Gemüse und Meeresfrüchten. Das meiste Gemüse wird blanchiert - das heißt, es wird in das kochende Wasser getropft und sofort unter kaltes Wasser gestellt, um das Kochen zu beenden und es abzukühlen. Das kühle Wasser färbt sich hell und das Gemüse behält einen Teil seiner knusprigen Textur.

Nudeln sollten nur in einer Zubereitung wie dieser in kaltem Wasser gespült werden - wenn Sie das Kochen beenden und die Nudeln kalt servieren möchten.

1 große feste reife Tomate, entkernt und gewürfelt

½ Pfund gekochte kleine Garnelen, in 1/4-Zoll-Stücke geschnitten

1 Tasse gehackter gekochter Hummer oder 1/4 Pfund gekochtes Krabbenfleisch, gepflückt

¼ Tasse schnippte frischen Schnittlauch

¼ Tasse gehacktes frisches Basilikum

¼ Tasse natives Olivenöl extra sowie mehr zum Nieseln

Grobes Salz und frisch gemahlener schwarzer Pfeffer

1 Pfund dünne Spaghetti

¾ Tasse sehr fein gehackter roter Paprika

¾ Tasse sehr fein gehackter gelber Paprika

¾ Tasse sehr fein gehackte Zucchini

2 kleine Karotten, in Streichholzstreifen geschnitten

1. Kombinieren Sie die Tomate in einer großen Schüssel mit Garnelen, Hummer, Kräutern und Olivenöl. Mit Salz und Pfeffer würzen.

2. In einem großen Topf mindestens 4 Liter Wasser zum Kochen bringen. Fügen Sie 2 Esslöffel Salz hinzu, dann die Spaghetti. Gut umrühren und die Nudeln vorsichtig nach unten drücken, bis sie vollständig mit Wasser bedeckt sind. Bei starker Hitze unter

häufigem Rühren kochen. Etwa 30 Sekunden bevor die Nudeln fertig sind, Paprika, Zucchini und Karotten hinzufügen. Gut umrühren. Sobald die Nudeln al dente, zart und dennoch bissfest sind, lassen Sie sie und das Gemüse in ein großes Sieb im Spülbecken abtropfen. Das Gemüse wird nur leicht verwelkt.

3. Spülen Sie die Nudeln und das Gemüse unter fließendem Wasser ab. Gut abtropfen lassen.

4. Fügen Sie die Nudeln der Tomaten-Meeresfrüchte-Mischung hinzu. Gut werfen. Mit zusätzlichem Öl beträufeln und erneut werfen. Sofort servieren.

Knoblauch Bruschetta

Bruschetta

Macht 8

Im Castelli Romani-Viertel außerhalb Roms wurden mir dicke Scheiben knuspriges Brot serviert, geröstet und mit frischen Knoblauchzehen eingerieben und mit sattgrünem Olivenöl extra vergine getropft. Kleine Stücke jungen Grana-Käses begleiteten ihn, und wir spülten ihn mit einem fruchtigen lokalen Wein ab. Es war so einfach und doch so perfekt; Es war eine Mahlzeit, die ich nie vergessen werde.

In Umbrien und der Toskana entstand dieses Antipasti, um frisch gepresstes Olivenöl zu probieren. Das Pressen erfolgt normalerweise im Herbst, wenn es ziemlich kalt ist. Während die Olivenbauern darauf warteten, dass ihre frisch gepflückten Oliven gepresst wurden, rösteten sie etwas Brot und beträufelten es mit dem Öl direkt aus der Mühle. Die Wärme des Brotes bringt die Essenz des Öls zur Geltung. Der Knoblauch ist optional, besonders wenn das Öl wirklich fein ist.

8 (1/2 Zoll dicke) Scheiben zähes italienisches Brot

4 große Knoblauchzehen, geschält

Natives Olivenöl extra

Feines Meersalz oder koscheres Salz (optional)

1. Stellen Sie einen Grill oder einen Grillrost etwa 5 Zoll von der Wärmequelle entfernt auf. Grill oder Grill vorheizen. Das Brot auf einer Seite ca. 2 Minuten goldbraun rösten. Drehen Sie das Brot und rösten Sie die andere Seite ca. 2 Minuten.

2. Reiben Sie das Brot sofort mit einer Knoblauchzehe ein. Großzügig mit Öl beträufeln. Auf Wunsch mit Salz bestreuen. Sofort servieren.

Tomaten-Bruschetta

Bruschetta di Pomodori

Macht 8

Geröstetes Landbrot mit Tomaten ist so beliebt geworden, dass es fast ein Klischee ist. Aber wenn es in der Saison mit gutem, zähem Brot und reifen Tomaten richtig gemacht wird, gibt es wirklich nichts Besseres. Speichern Sie dieses für die sommerliche Tomatensaison. Hier ist die Grundformel sowie einige Variationen.

2 bis 3 mittelreife Tomaten

3 Esslöffel natives Olivenöl extra

3 frische Basilikumblätter oder 1/2 Teelöffel getrockneter Oregano

Salz und frisch gemahlener schwarzer Pfeffer

8 1/2-Zoll-Scheiben italienisches Brot

1 Knoblauchzehe

1. Schneiden Sie die Tomaten durch das Stielende in zwei Hälften. Schneiden Sie die Kerne weg. Samen und Saft auspressen. Hacken Sie die Tomaten in 1/2-Zoll-Stücke.

2. In einer mittelgroßen Schüssel die Tomaten mit Öl, Salz und Pfeffer abschmecken. Wenn Sie frisches Basilikum verwenden, stapeln Sie die Blätter und schneiden Sie sie quer in dünne Bänder. Basilikum oder Oregano zu den Tomaten geben und gut umrühren.

3. Stellen Sie einen Grill oder einen Grillrost etwa 5 Zoll von der Wärmequelle entfernt auf. Grill oder Grill vorheizen.

4. Das Brot auf einer Seite ca. 2 Minuten goldbraun rösten. Drehen Sie das Brot und rösten Sie die andere Seite ca. 2 Minuten. Reiben Sie es auf einer Seite mit der Knoblauchzehe. Tomaten aufstapeln und sofort servieren.

Tomaten und Avocado Bruschetta

Bruschetta di Pomodori und Avocado

Macht 8

Avocados sind in Italien nicht üblich. Aber weil sie so gut zu Tomaten und gutem Olivenöl passen, verwende ich sie oft als Belag für Bruschetta.

2 mittelreife Tomaten

3 Esslöffel natives Olivenöl extra

1 Esslöffel gehackte rote Zwiebel

Salz und frisch gemahlener schwarzer Pfeffer

½ mittelreife Hass-Avocado, gewürfelt

1 bis 2 Esslöffel frischer Zitronensaft

4 bis 8 (1/2 Zoll dicke) Scheiben italienisches Brot

1. Schneiden Sie die Tomate durch das Stielende in zwei Hälften. Schneiden Sie den Kern weg. Samen und Saft auspressen. Hacken Sie die Tomate in 1/2-Zoll-Stücke.

2. In einer mittelgroßen Schüssel die Tomaten mit Öl, Zwiebeln sowie Salz und Pfeffer abschmecken. Avocado und Zitronensaft einrühren.

3. Stellen Sie einen Grill oder einen Grillrost etwa 5 Zoll von der Wärmequelle entfernt auf. Grill oder Grill vorheizen.

4. Das Brot auf einer Seite ca. 2 Minuten goldbraun rösten. Drehen Sie das Brot und rösten Sie die andere Seite ca. 2 Minuten. Top mit der Tomatenmischung. Sofort servieren.

Bohnen und Grüntoast

Crostini di Fagioli und Verdura

Macht 8

Cremige Bohnen werden in Süditalien oft mit gekochtem Gemüse wie Broccoli Rabe, Chicorée oder Escarole serviert. Oft werden die Bohnen und Gemüse über Brot serviert. Ich habe die Kombination für diese Crostini angepasst, die mit Messer und Gabel gegessen werden sollten.

5 Esslöffel Olivenöl

2 große Knoblauchzehen, geschält und fein gehackt

1 kleines getrocknetes Chili (Peperoncino bevorzugt), zerkleinert oder eine Prise zerkleinerte rote Pfefferflocken

1 Pfund Broccoli Rabe, Chicorée oder Escarole, gewaschen, geschnitten und in mundgerechte Stücke geschnitten

¼ Tasse Wasser

Salz nach Geschmack

2 Tassen gekochte getrocknete oder eingemachte Cranberry- oder Cannellini-Bohnen, abgetropft

8 (1/2 Zoll dicke) Scheiben italienisches Brot, geröstet

1. In einen großen Topf 3 Esslöffel Öl, die Hälfte des Knoblauchs und den gesamten roten Pfeffer geben. Bei mittlerer Hitze ca. 1 Minute kochen lassen, bis es brutzelt.

2. Fügen Sie das Grün, 1/4 Tasse Wasser und Salz hinzu, um zu schmecken. Decken Sie die Hitze ab und senken Sie sie. Kochen, bis das Grün zart ist, etwa 10 Minuten für Broccoli Rabe oder Löwenzahngrün und 5 Minuten für Spinat.

3. In einem mittelgroßen Topf die restlichen 2 Esslöffel Öl und Knoblauch 1 Minute erhitzen. Die Bohnen einrühren, abdecken und bei schwacher Hitze ca. 4 Minuten kochen lassen, bis sie durchgeheizt sind. Die Bohnen grob zerdrücken. Nach Geschmack würzen.

4. Stellen Sie einen Grill oder einen Grillrost etwa 5 Zoll von der Wärmequelle entfernt auf. Grill oder Grill vorheizen.

5. Das Brot auf einer Seite ca. 2 Minuten goldbraun rösten. Drehen Sie das Brot und rösten Sie die andere Seite ca. 2 Minuten. Den Toast mit den Bohnen bestreichen. Top mit dem Grün und einem Löffel ihrer Kochflüssigkeit. Sofort servieren.

Hühnerleber Toast

Crostini di Fegato di Pollo

Macht 8

Toskanische Köche servieren diese Crostini zusammen mit lokal hergestellten Salumi-Scheiben (Wurstwaren) aus Schweinefleisch oder Wildschwein. Einer meiner Favoriten ist Finocchiona, Salame aus gemahlenem Schweinefleisch und Fenchelsamen.

8 Hühnerleber

3 Esslöffel Olivenöl

1 mittelrote Zwiebel, in Scheiben geschnitten und in Ringe getrennt

2 Salbeiblätter, gehackt

1 Teelöffel Balsamico-Essig

Salz und frisch gemahlener schwarzer Pfeffer

8 (1/2 Zoll dicke) Scheiben italienisches Brot, geröstet

1. Schneiden Sie die Hühnerleber ab und schneiden Sie die Verbindungsfasern mit einem scharfen Messer ab. Schneiden Sie jede Leber in 2 oder 3 Stücke. Spülen Sie die Lebern und tupfen Sie sie trocken.

2. Gießen Sie das Öl in eine mittlere Pfanne. Fügen Sie die Zwiebel und die Salbeiblätter hinzu und kochen Sie sie bei mittlerer Hitze etwa 5 Minuten lang, bis sie weich sind.

3. Fügen Sie die Hühnerleber hinzu und kochen Sie sie, wobei Sie die Leber mit einem Löffelrücken zerdrücken, bis sie nur noch leicht rosa ist (ca. 2 Minuten). Fügen Sie den Essig und Salz und Pfeffer hinzu, um zu schmecken.

4. Stellen Sie einen Grill oder einen Grillrost etwa 5 Zoll von der Wärmequelle entfernt auf. Grill oder Grill vorheizen. Das Brot auf einer Seite ca. 2 Minuten goldbraun rösten. Drehen Sie das Brot und rösten Sie die andere Seite ca. 2 Minuten.

5. Das Brot mit der Lebermischung belegen. Sofort servieren.

Zucchini und Käse Toast

Crostini di Zucchine

Macht 8

Crostini und Bruschetta sind beliebte Vorspeisen in römischen Weinbars. Eines Tages hatte ich zum Mittagessen eine Auswahl an heißen Crostini, darunter diese mit Zucchini und geschmolzenem Fontina Valle d'Aosta, einem aromatischen Kuhmilchkäse. Ersetzen Sie Schweizer, Asiago oder einen anderen halbfesten Käse, wenn Fontina Valle d'Aosta nicht verfügbar ist.

4 kleine Zucchini (ca. 1 Pfund), geschrubbt

4 Esslöffel Olivenöl

1 Knoblauchzehe, gehackt

1 Esslöffel gehackte frische Petersilie

1 Esslöffel gehacktes frisches Basilikum

1/2 Teelöffel getrockneter Oregano

Salz und frisch gemahlener schwarzer Pfeffer nach Geschmack

8 (1/2 Zoll dicke) Scheiben italienisches Brot

2 Unzen Fontina Valle d'Aosta oder Schweizer Käse, in dünne Scheiben geschnitten

1. Schneiden Sie die Enden von der Zucchini ab und schneiden Sie sie in 1/4-Zoll-Stäbchen mit einer Länge von 2 Zoll. Die Sticks mit Papiertüchern trocken tupfen.

2. Das Öl in einer großen Pfanne bei mittlerer Hitze erhitzen. Fügen Sie die Zucchini hinzu und kochen Sie sie unter gelegentlichem Rühren etwa 10 Minuten lang, bis sie leicht gebräunt ist.

3. Knoblauch, alle Kräuter sowie Salz und Pfeffer einrühren. Noch 2 Minuten kochen.

4. Stellen Sie einen Grill oder einen Grillrost etwa 5 Zoll von der Wärmequelle entfernt auf. Grill oder Grill vorheizen. Das Brot auf einer Seite ca. 2 Minuten goldbraun rösten. Drehen Sie das Brot und rösten Sie die andere Seite ca. 2 Minuten. Entfernen Sie den Toast, aber lassen Sie den Ofen eingeschaltet.

5. Legen Sie den Toast auf ein Backblech. Die Zucchini auf den Toast stapeln und mit dem Käse belegen. Lassen Sie die Crostini 2 Minuten lang oder bis der Käse geschmolzen ist unter dem Grill laufen. Sofort servieren.

Kichererbsen-Toast

Crostini di Ceci

Macht 8

Kichererbsen, manchmal auch Kichererbsenbohnen genannt, brauchen lange, um aus dem getrockneten Zustand zu kochen, deshalb kaufe ich sie normalerweise in Dosen. Sie passen gut zu Nudeln, in Suppen oder grob püriert als Belag für Crostini. Dieses Rezept ist meine Version der Crostini, die ich im Babbo Restaurant in New York probiert habe.

1/2 Tasse gehackte Schalotten oder Zwiebeln

1/2 Teelöffel schnippte frische Rosmarinblätter

2 Esslöffel natives Olivenöl extra sowie mehr zum Nieseln

1 (16 Unzen) Dose Kichererbsen, abgetropft

2 Esslöffel Wasser

1 Esslöffel Balsamico-Essig

Salz und frisch gemahlener schwarzer Pfeffer nach Geschmack

8 Scheiben italienisches Brot, ungefähr 1/2 Zoll dick

1. Kombinieren Sie in einem kleinen Topf die Schalotten, den Rosmarin und die 2 Esslöffel Öl bei mittlerer Hitze. 2 bis 3 Minuten kochen lassen oder bis die Schalotten weich sind.

2. Fügen Sie die Kichererbsen, Wasser und Salz und Pfeffer hinzu, um zu schmecken. Weitere 3 bis 4 Minuten oder bis zum Erhitzen kochen, dabei häufig umrühren und die Kichererbsen mit der Rückseite eines Löffels grob zerdrücken. Fügen Sie etwas mehr Wasser hinzu, wenn die Mischung trocken erscheint. Essig einrühren und abschmecken.

3. Stellen Sie einen Grill oder einen Grillrost etwa 5 Zoll von der Wärmequelle entfernt auf. Grill oder Grill vorheizen. Das Brot auf einer Seite ca. 2 Minuten goldbraun rösten. Drehen Sie das Brot und rösten Sie die andere Seite ca. 2 Minuten.

4. Mit der Kichererbsenmischung bestreichen. Mit zusätzlichem Öl beträufeln und sofort servieren.

Brokkoli-Toast

Crostini con Crema di Broccoli

Macht 8

Römischer Brokkoli, bekannt als Broccoli Romanesco, ist hellgrün mit einer schönen Form, die einer exotischen Muschel ähnelt. Ich kann es im Herbst auf dem örtlichen Bauernmarkt und gelegentlich bei Gourmet-Lebensmitteln finden. Der Geschmack ist zarter als bei dunkelgrünem Brokkoli, eher wie eine Kreuzung zwischen Brokkoli und Blumenkohl. Gewöhnlicher Brokkoli eignet sich gut für dieses Rezept. Das gekochte Gemüse wird mit Knoblauch und Olivenöl püriert und ist ein köstlicher Aufstrich für Crostini.

1 Pfund Brokkoli

Salz

¼ Tasse natives Olivenöl extra

1 ganze Knoblauchzehe

Frisch gemahlener schwarzer Pfeffer

8 (1/2 Zoll dicke) Scheiben italienisches Brot

1. Schneiden Sie den Brokkoli ab und reservieren Sie einige der Stängel. Einen großen Topf mit Wasser zum Kochen bringen. Fügen Sie den Brokkoli und das Salz hinzu, um zu schmecken. Kochen, bis der Brokkoli zart ist, ca. 10 Minuten. Gut abtropfen lassen und etwas Wasser aufbewahren.

2. Übertragen Sie den Brokkoli in eine Küchenmaschine. Fügen Sie den Knoblauch hinzu und verarbeiten Sie ihn, bis er fein gehackt ist. Fügen Sie bei laufendem Motor das Öl durch das Rohr hinzu und verarbeiten Sie es, bis es glatt und streichfähig ist. Fügen Sie einen oder zwei Esslöffel Brokkoli-Wasser hinzu, wenn die Mischung zu dick ist. Mit Salz und Pfeffer abschmecken.

3. Stellen Sie einen Grill oder einen Grillrost etwa 5 Zoll von der Wärmequelle entfernt auf. Grill oder Grill vorheizen. Das Brot auf einer Seite ca. 2 Minuten goldbraun rösten. Drehen Sie das Brot und rösten Sie die andere Seite ca. 2 Minuten. Mit dem warmen Brokkolipüree bestreichen. Sofort servieren.

Auberginen- und Tomatentoast

Crostini alla Melanzane

Macht 8

Auberginen, Tomaten, Knoblauch und Käse sind in ganz Süditalien eine klassische Geschmackskombination - denken Sie an Auberginenparmesan oder die sizilianische Pasta alla Norma. Hier vereinen sich die gleichen Aromen als Belag für Crostini.

1 mittlere Aubergine, ungefähr 12 Unzen

Salz und frisch gemahlener schwarzer Pfeffer nach Geschmack

2 oder 3 große Knoblauchzehen

1 große reife Tomate, entkernt und gehackt

¼ Tasse gehacktes frisches Basilikum

2 Esslöffel natives Olivenöl extra

8 (1/2 Zoll dicke) Scheiben italienisches Brot

½ Tasse (ca. 3 Unzen) Ricotta-Salata-Käse, zerbröckelt

1. Stellen Sie einen Rost in die Mitte des Ofens. Heizen Sie den Ofen auf 375 ° F vor. Legen Sie die Aubergine auf ein Backblech und stechen Sie zwei- oder dreimal mit einer Gabel in die Haut, damit der Dampf entweichen kann. 60 Minuten backen oder bis sie weich sind. Leicht abkühlen lassen.

2. Nehmen Sie die Aubergine aus dem Ofen. Etwas abkühlen lassen, dann den Auberginenstiel entfernen und die Aubergine der Länge nach halbieren. Legen Sie es in ein Sieb, um es abtropfen zu lassen und vollständig abzukühlen.

3. Das Auberginenfleisch herausschöpfen und die Haut wegwerfen. Mit einer Gabel oder einem Stampfer zu einer Paste zerdrücken oder in einer Küchenmaschine pürieren. Nach Belieben Salz und Pfeffer hinzufügen.

4. Kombinieren Sie die Tomate mit dem Basilikum und Öl und fügen Sie ein wenig Salz und Pfeffer hinzu.

5. Stellen Sie einen Grill oder einen Grillrost etwa 5 Zoll von der Wärmequelle entfernt auf. Grill oder Grill vorheizen. Das Brot auf einer Seite ca. 2 Minuten goldbraun rösten. Drehen Sie das Brot und rösten Sie die andere Seite ca. 2 Minuten. Die Scheiben mit dem Knoblauch einreiben. Den Toast mit dem

Auberginenpüree bestreichen. Top mit der gehackten Tomatenmischung und dem Ricotta Salata. Sofort servieren.

"Little Orange" Reisbällchen

Arancine

Macht 18

Golden gebratene Reisbällchen sind ein klassischer sizilianischer Snack. Der italienische Name - Arancine - kommt von ihrer Ähnlichkeit mit Orangen. Zwei Versionen sind beliebt: eine mit der folgenden Fleischragu-Füllung und die andere mit Schinken und Bechamel.

Füllung

2 Esslöffel Olivenöl

1/2 Tasse sehr fein gehackte Zwiebel

1 Knoblauchzehe, fein gehackt

8 Unzen Hackfleischfutter

1 1/2 Tassen gehackte italienische Tomatenschalen in Dosen

Salz und frisch gemahlener schwarzer Pfeffer

1/2 Tasse frische oder gefrorene Erbsen

Reis

5 Tassen Hühnerbrühe

1/2 Teelöffel Safranfäden, zerbröckelt

2 Tassen mittelkörniger Reis wie Arborio, Carnaroli oder Vialone Nano

2 Esslöffel ungesalzene Butter

Salz nach Geschmack

4 große Eigelb

1/2 Tasse geriebener Parmigiano-Reggiano plus 1/2 Tasse geriebener Pecorino Romano

Montieren

5 große Eiweiße

2 Tassen einfache trockene Semmelbrösel

1 Tasse Allzweckmehl

4 Unzen importiertes Provolone, in kleine Würfel geschnitten

Pflanzenöl zum Braten

1. Für die Füllung Öl, Zwiebel und Knoblauch in eine mittelgroße Pfanne geben. Schalten Sie die Hitze auf mittel und kochen Sie, bis die Zwiebel weich ist, ungefähr 5 Minuten.

2. Das Rindfleisch in die Pfanne geben und unter Rühren etwa 10 Minuten lang kochen, bis die Klumpen leicht gebräunt sind. Tomaten einrühren und mit Salz und Pfeffer abschmecken. Bringen Sie die Sauce zum Kochen und reduzieren Sie die Hitze auf niedrig. Unter gelegentlichem Rühren etwa 30 Minuten kochen lassen, bis sie dick sind.

3. Fügen Sie die Erbsen hinzu und kochen Sie weitere 5 Minuten. Abkühlen lassen.

4. Brühe und Safran in einem großen Topf zum Kochen bringen. Reis, Butter und Salz einrühren. Decken Sie ab und reduzieren Sie die Hitze auf niedrig. Kochen Sie ungefähr 18 Minuten oder bis der Reis zart ist.

5. Den Reis vom Herd nehmen. Leicht abkühlen lassen, dann Eigelb und geriebenen Käse unterrühren.

6. Zum Zusammenbau das Eiweiß in einem flachen Teller schaumig schlagen. Verteilen Sie die Semmelbrösel auf einem Blatt Wachspapier und das Mehl auf einem anderen. Legen Sie einen Kuchengitter über ein Backblech.

7. Tauchen Sie Ihre Hände in kaltes Wasser, damit der Reis nicht klebt. Nehmen Sie etwa 1/3 Tasse der Reismischung auf und legen Sie sie in eine Handfläche. Stecke ein flaches Loch in die Mitte des Reises. Drücken Sie einen spärlichen Esslöffel der Fleischsauce in das Loch und bedecken Sie es mit einem Stück Provolone. Nehmen Sie Ihre Hand leicht in die Hand und formen Sie den Reis über die Füllung, um ihn vollständig einzuschließen. Fügen Sie bei Bedarf etwas mehr Reis hinzu, um die Füllung vollständig zu bedecken. Drücken Sie den Reis sehr vorsichtig zusammen, um ihn zu verdichten und eine Kugel zu bilden.

8. Rollen Sie den Reisbällchen vorsichtig in das Mehl und dann in das Eiweiß, um es vollständig zu beschichten. Rollen Sie den Ball in die Semmelbrösel und achten Sie darauf, dass keine Stellen frei bleiben. Legen Sie den Reisbällchen zum Trocknen auf ein Gestell.

9. Machen Sie weiter Reisbällchen mit den restlichen Zutaten. Lassen Sie die Reisbällchen 30 Minuten auf dem Rost trocknen.

10. Legen Sie ein Tablett mit Papiertüchern aus. Stellen Sie den Ofen auf die niedrigste Temperatur. Gießen Sie etwa 3 Zoll Öl in eine elektrische Fritteuse oder einen tiefen schweren Topf. Erhitzen Sie das Öl, bis die Temperatur mit einem

Frittierthermometer 375 ° F erreicht, oder wenn ein Tropfen Eiweiß brutzelt, wenn es dem Öl zugesetzt wird.

11. Legen Sie die Reisbällchen vorsichtig einige Male in das heiße Öl. Überfüllen Sie die Pfanne nicht. 3 bis 4 Minuten kochen, bis alles goldbraun und knusprig ist. Übertragen Sie die Reisbällchen mit einem geschlitzten Löffel oder Sieb zum Abtropfen auf die Papiertücher. Wiederholen Sie mit den restlichen Reisbällchen. Bewahren Sie die gekochten Reisbällchen im warmen Ofen auf, während Sie den Rest braten. Heiß oder warm servieren.

"Telefon-Draht" Reisbällchen

Suppli 'di Riso

Macht 24

Römer machen mit Käse gefüllte Reisbällchen. Wenn Sie den Reisbällchen auseinander ziehen, dehnt sich der geschmolzene Käse in der Mitte wie Telefonkabel zu Fäden aus, wodurch die Reisbällchen ihren Namen erhalten. Suppli 'werden in ganz Rom serviert; Italiener lieben es, nach der Schule vorbeizuschauen oder vor dem Abendessen einen zusätzlichen Snack zu sich zu nehmen.

5 Tassen Hühnerbrühe

2 Tassen mittelkörniger Reis wie Arborio, Carnaroli oder Vialone Nano

4 Esslöffel ungesalzene Butter

Salz nach Geschmack

3 große Eier, geschlagen

1 Tasse frisch geriebener Parmigiano-Reggiano

2 Esslöffel gehackte frische Petersilie

Prise frisch geriebene Muskatnuss

6 Unzen Mozzarella, in kleine Würfel geschnitten

Montieren

3 große Eier, geschlagen

2 Tassen getrocknete Semmelbrösel

1 Tasse Allzweckmehl

Pflanzenöl zum Braten

1. Die Brühe in einem großen Topf zum Kochen bringen. Reis, Butter und Salz einrühren. Decken Sie ab und reduzieren Sie die Hitze auf niedrig. Kochen, bis der Reis zart ist, ca. 18 Minuten.

2. Den Reis vom Herd nehmen. Leicht abkühlen lassen, dann die drei geschlagenen Eier, den geriebenen Käse, die Petersilie und die Muskatnuss unterrühren.

3. Zum Zusammenbau die anderen drei Eier in einem flachen Teller schaumig schlagen. Verteilen Sie die Semmelbrösel auf einem Blatt Wachspapier und das Mehl auf einem anderen. Legen Sie einen Kuchengitter über ein Backblech.

4. Tauchen Sie Ihre Hände in kaltes Wasser, damit der Reis nicht klebt. Nehmen Sie etwa 1/4 Tasse der Reismischung auf und

legen Sie sie in eine Handfläche. Stecke ein flaches Loch in die Mitte des Reises. Drücken Sie etwas Mozzarella in das Loch. Nehmen Sie Ihre Hand leicht in die Hand und formen Sie den Reis über die Füllung, um ihn vollständig einzuschließen. Fügen Sie bei Bedarf etwas mehr Reis hinzu, um die Füllung vollständig zu bedecken. Drücken Sie den Reis sehr vorsichtig zusammen, um ihn zu verdichten und eine Kugel zu bilden.

5. Rollen Sie den Reisbällchen vorsichtig in das Mehl und dann in die Eier, um ihn vollständig zu beschichten. Rollen Sie den Ball in die Semmelbrösel und achten Sie darauf, dass keine Stellen frei bleiben. Legen Sie den Reisbällchen zum Trocknen auf ein Gestell.

6. Machen Sie weiter Reisbällchen mit den restlichen Zutaten. Lassen Sie die Reisbällchen 30 Minuten auf dem Rost trocknen.

7. Legen Sie ein Tablett mit Papiertüchern aus. Stellen Sie den Ofen auf die niedrigste Temperatur. Gießen Sie etwa 3 Zoll Öl in eine elektrische Fritteuse oder einen tiefen schweren Topf. Erhitzen Sie das Öl, bis die Temperatur mit einem Frittierthermometer 375 ° F erreicht, oder wenn ein Tropfen Eiweiß brutzelt, wenn es dem Öl zugesetzt wird.

8. Legen Sie die Reisbällchen vorsichtig einige Male in das heiße Öl. Überfüllen Sie die Pfanne nicht. 3 bis 4 Minuten kochen, bis alles goldbraun und knusprig ist. Übertragen Sie die Reisbällchen mit einem geschlitzten Löffel oder Sieb zum Abtropfen auf die Papiertücher. Wiederholen Sie mit den restlichen Reisbällchen. Bewahren Sie die gekochten Reisbällchen im warmen Ofen auf, während Sie den Rest braten. Heiß oder warm servieren.

Sizilianische Kichererbsenmehlkrapfen

Panelle

Ergibt 4 bis 6 Portionen

Kichererbsenmehl (siehe Einkaufsquellen) ist in vielen italienischen und nahöstlichen Märkten und Naturkostläden erhältlich. Einige Geschäfte bieten eine Auswahl an geröstetem und ungeröstetem Kichererbsenmehl an. Letzteres ist näher an der italienischen Art.

In Palermo werden diese Panelle als Vorspeise serviert, oft begleitet von einigen Caponata (siehe Süß-saure Aubergine) oder sie werden in einer Sesamrolle gestapelt, mit Ricotta und geriebenem Pecorino belegt und als Sandwich gegessen.

13/4 Tassen kaltes Wasser

1 Tasse Kichererbsenmehl

1 Teelöffel Salz

Frisch gemahlener schwarzer Pfeffer

Pflanzen- oder Erdnussöl zum Braten

1. Gießen Sie das Wasser in einen mittelgroßen Topf. Das Kichererbsenmehl langsam ins Wasser schlagen. Salz einrühren.

2. Stellen Sie den Topf auf mittlere Hitze und kochen Sie unter ständigem Rühren, bis die Mischung zum Kochen kommt. Reduzieren Sie die Hitze auf niedrig und kochen Sie unter ständigem Rühren etwa 5 Minuten lang, bis sie sehr dick sind.

3. Gießen Sie die Mischung auf ein Backblech. Verteilen Sie es mit einem Spatel gleichmäßig auf eine Dicke von etwa 1/4 Zoll. Eine Stunde abkühlen lassen oder bis sie fest sind. Für eine längere Lagerung mit Plastikfolie abdecken und im Kühlschrank aufbewahren.

4. Kurz vor dem Servieren etwa 1 Zoll des Öls in einem tiefen, schweren Topf erhitzen. Ein Tablett mit Papiertüchern auslegen. Schneiden Sie den Teig in 2-Zoll-Quadrate. Um zu testen, ob das Öl heiß genug ist, lassen Sie ein kleines Stück Teig in das Öl fallen. Das Öl sollte schnell brutzeln. Fügen Sie genug Teig hinzu, wie es passt, ohne sich zu drängen. Braten Sie die Stücke unter einmaligem Wenden etwa 4 Minuten lang, bis sie aufgebläht und goldbraun sind. Übertragen Sie die Krapfen mit einem geschlitzten Löffel auf die Papiertücher, um sie abtropfen zu lassen. Halten Sie sich warm, während Sie den Rest braten.

5. Mit Salz und Pfeffer bestreuen und heiß servieren.

Basilikum Krapfen

Foglie di Basilico Fritte

Ergibt 6 Portionen

Basilikumblätter in einem knusprigen Teig sind unwiderstehliche Vorspeisen. Probieren Sie auch Salbei und Petersilie.

1/2 Tasse Allzweckmehl

1/4 Tasse Maisstärke

1 Teelöffel Salz

Etwa 1/2 Tasse Club Soda oder Mineralwasser

Pflanzenöl

24 große Basilikumblätter

1. Mehl, Maisstärke und Salz in einer kleinen Schüssel verquirlen. Rühren Sie genug Limonade ein, um einen dicken, glatten Teig zu erhalten. 1 Stunde stehen lassen.

2. Gießen Sie das Öl bis zu einer Tiefe von 1/2 Zoll in einen kleinen schweren Topf. Bei mittlerer Hitze erhitzen, bis ein kleiner Tropfen des Teigs brutzelt und um die Pfanne schwimmt, wenn er dem heißen Öl zugesetzt wird.

3. Ein Tablett mit Papiertüchern auslegen. Wischen Sie die Basilikumblätter mit einem feuchten Papiertuch ab. Tauchen Sie die Blätter in den Teig. Entfernen Sie die Blätter nacheinander und gleiten Sie sie in das heiße Öl. 2 Minuten braten oder auf beiden Seiten goldbraun. Zum Abtropfen auf die Papiertücher legen.

4. Die restlichen Blätter auf die gleiche Weise braten. Heiß servieren.

Gebratene Salbeiblätter

Salvia Fritta

Ergibt 4 bis 6 Portionen

Bei einem großen Bankett, das vom Gastronomenverband der Region Marken organisiert wurde, wurden diese knusprigen gebratenen Salbeiblätter als Beilage zu Prosecco, einem trockenen Sekt, gereicht. Die Blätter machen süchtig wie Kartoffelchips.

1/3 Tasse feine trockene Semmelbrösel

24 große frische Salbeiblätter

2 Esslöffel Allzweckmehl

Salz

1 großes Eigelb, geschlagen

2 Esslöffel Olivenöl

1 Esslöffel ungesalzene Butter

Zitronenscheiben

1. Die Semmelbrösel auf einem Blatt Wachspapier verteilen. In einer kleinen Schüssel die Salbeiblätter mit dem Mehl und 1 Teelöffel Salz vermengen.

2. Tauchen Sie die Salbeiblätter nacheinander in das Eigelb und rollen Sie sie dann in die Semmelbrösel. Legen Sie die Blätter auf einen Kuchengitter, um sie 30 Minuten lang zu trocknen.

3. Ein Tablett mit Papiertüchern auslegen. Öl und Butter kurz vor dem Servieren in einer kleinen Pfanne erhitzen. Wenn der Butterschaum nachlässt, die Salbeiblätter in einer Schicht in der Pfanne anordnen. Braten Sie die Blätter einmal, bis sie auf beiden Seiten braun und knusprig sind, ca. 4 Minuten. Zum Abtropfen auf Papiertücher legen. Mit Salz bestreuen und heiß mit Zitronenschnitzen servieren.

Gemischter grüner Salat

Insalata Mista

Ergibt 4 Portionen

Als ich vor mehr als dreißig Jahren zum ersten Mal nach Italien ging, erinnere ich mich, dass der Kellner, wenn jemand in einem Restaurant einen Salat bestellte, das Dressing machte und den Salat nach den Vorgaben des Diner warf. Zuerst goss er ein wenig Öl über die Grüns und warf sie, bis sie leicht überzogen waren. Dann goss er ein wenig Weinessig in einen großen Servierlöffel, fügte Salz hinzu und schlug mit einer Gabel die Mischung kurz in den Löffel, um das Salz aufzulösen, bevor er es über den Salat tröpfelte. Dann warf er das Ganze weg, bis die Grüns gleichmäßig bedeckt waren.

Das grundlegende italienische Salatdressing besteht einfach aus nativem Olivenöl extra, Rot- oder Weißweinessig und Salz. Wenn es sich um ein Fischmehl handelt, wird der Essig manchmal durch frischen Zitronensaft ersetzt. Das Dressing enthält keine Kräuter oder Gewürze, nicht einmal Pfeffer. Balsamico-Essig, der so populär geworden ist, war bis vor kurzem außerhalb der Emilia-Romagna wenig bekannt.

Heutzutage werden in den meisten Restaurants Öl und Essig in Brötchen auf den Tisch gelegt, damit Sie Ihr eigenes Dressing mischen können.

1 Kopf Romaine, Boston, Eisberg oder anderer Salat oder eine Kombination

Über 3 Esslöffel natives Olivenöl extra

1 Esslöffel Weinessig

Salz nach Geschmack

1. Schneiden Sie den Salat ab und werfen Sie die äußeren Blätter und alle gequetschten weg. Waschen Sie sie in mehreren kühlen Wasserwechseln. Sehr gut trocknen. Den Salat in mundgerechte Stücke schneiden. Es sollten ungefähr 6 Tassen sein.

2. Den Salat in eine große Salatschüssel geben. Mit dem Öl beträufeln und gut umrühren. In einer kleinen Schüssel Essig und Salz verquirlen, bis sich das Salz aufgelöst hat. Gießen Sie den Essig über den Salat und werfen Sie ihn erneut. Probieren Sie ein Stück Salat und fügen Sie bei Bedarf mehr Öl, Essig oder Salz hinzu. Sofort servieren.

Variation: Für zusätzliche Farbe und Substanz 1 Tasse zerkleinerte Karotten oder zerrissenen Radicchio und 1 oder 2 in Keile geschnittene Tomaten hinzufügen.

Dreifarbiger Salat

Insalata Tricolore

Ergibt 4 Portionen

Die italienische Flagge hat drei kräftige Streifen in Rot, Weiß und Grün, daher wird sie bekanntlich als Trikolore bezeichnet. Dieselben Farben kommen in der italienischen Küche häufig vor. Eine Reihe von Gerichten, die die Farben haben, sind mit der Flagge und dem patriotischen Stolz verbunden, wie die Pizza Margherita aus Basilikum, Tomate und Mozzarella, die angeblich zu Ehren einer Königin erfunden wurde, oder die Pugliese-Nudeln mit Tomaten und Kartoffeln und Rucola, bekannt als la bandiera, was die Flagge bedeutet. Dieser hübsche Salat mit rotem Radicchio, weißem Endivien und grünem Rucola wird oft als Insalata tricolore bezeichnet.

2 belgische Endivien, in Blätter getrennt

1 kleiner Kopf Radicchio

1 kleiner Bund Rucola

3 Esslöffel natives Olivenöl extra

1 bis 2 Esslöffel Rotweinessig

Salz

1. Schneiden Sie das Gemüse ab und werfen Sie die äußeren Blätter und alle gequetschten weg. Waschen Sie sie in mehreren kühlen Wasserwechseln. Sehr gut trocknen. Den Endivien quer in 3 oder 4 Stücke schneiden. Den Radicchio in mundgerechte Stücke zerreißen. Schneiden Sie die zähen Rucola-Stängel ab und zerreißen Sie die Blätter in mundgerechte Stücke. Legen Sie das Gemüse in eine große Salatschüssel.

2. Das Gemüse mit dem Öl beträufeln und gut umrühren. In einer kleinen Schüssel Essig und Salz verquirlen, bis sich das Salz aufgelöst hat. Gießen Sie den Essig über den Salat und werfen Sie ihn erneut. Probieren Sie den Salat und fügen Sie bei Bedarf mehr Öl, Essig oder Salz hinzu. Sofort servieren.

Grüner Salat mit Zitronen- und Pinienkernen

Insalata Verde al Pinoli

Ergibt 4 Portionen

Dieser Salat ist ein modernes Rezept, das ich in Florenz hatte. Ich verwende winzige gemischte Grüns, die oft als Mesclun verkauft werden, aber Babyspinat wäre auch gut. Ein wenig Zitronenschale verleiht ihm zusätzlichen Geschmack und die Pinienkerne sorgen für Knusprigkeit. Sie sind leicht in einer trockenen Pfanne zu rösten.

1/4 Tasse Pinienkerne

6 Tassen gemischtes Babygrün

1/4 Tasse natives Olivenöl extra

2 Esslöffel frischer Zitronensaft

Prise geriebene Zitronenschale

Salz und frisch gemahlener schwarzer Pfeffer

1. Legen Sie die Pinienkerne in eine kleine Pfanne. Stellen Sie die Hitze auf mittel und kochen Sie die Nüsse, wobei Sie die Pfanne gelegentlich schütteln, bis sie duftend und leicht geröstet sind (ca. 5 Minuten). Abkühlen lassen.

2. Waschen Sie das Grün in mehreren Wechseln mit kaltem Wasser. Sehr gut trocknen. Zerreißen Sie das Grün in mundgerechte Stücke.

3. In einer großen Salatschüssel Öl, Zitronensaft, Zitronenschale sowie Salz und Pfeffer nach Belieben verquirlen. Fügen Sie die Grüns hinzu und werfen Sie gut. Fügen Sie die Pinienkerne hinzu und werfen Sie sie erneut. Sofort servieren.

Spinat-Ei-Salat

Insalata di Spinaci

Ergibt 4 Portionen

Blätter von Baby-Spinat sind perfekt für Salate. Sie schmecken zart und mild, und da sie nicht zugeschnitten werden müssen und normalerweise frei von Sand sind, sind sie sehr einfach zuzubereiten.

4 große Eier

6 Unzen Baby-Spinatblätter 3 Esslöffel natives Olivenöl extra

1 Esslöffel Balsamico-Essig

Salz und frisch gemahlener schwarzer Pfeffer

1 Esslöffel gehackte Kapern

1. Legen Sie die Eier in einen kleinen Topf mit kaltem Wasser, um sie zu bedecken. Das Wasser zum Kochen bringen. 12 Minuten kochen lassen. Lassen Sie die Eier unter kaltem fließendem Wasser abkühlen. Abgießen und schälen.

2. Schneiden Sie den Spinat ab und werfen Sie alle gequetschten Blätter und zähen Stängel weg. Waschen Sie sie in mehreren

kühlen Wasserwechseln. Sehr gut trocknen. In mundgerechte Stücke zerreißen.

3. Gekochtes Eiweiß und Eigelb trennen. Das Eigelb in eine Schüssel geben und zerdrücken. Öl, Essig sowie Salz und Pfeffer nach Belieben einrühren. Das Eiweiß hacken und beiseite stellen.

4. In einer großen Schüssel die Spinatblätter und Kapern zusammen werfen. Fügen Sie die Eigelbmischung hinzu und werfen Sie gut. Fügen Sie die Hälfte des Eiweißes hinzu und werfen Sie es erneut.

5. Den Salat auf 4 Teller geben und mit dem restlichen Eiweiß bestreuen. Sofort servieren

Rucola-Parmigiano-Salat

Insalata di Rughetta und Parmigiano

Ergibt 4 Portionen

Die Rucola-Sorte, aus der dieser Salat in Italien hergestellt wird, ist knusprig, pfeffrig und nussig mit kleinen spitzen Blättern. Rucola ist hier eine etwas andere Sorte mit abgerundeten Blättern, die nicht ganz so knusprig oder nussig im Geschmack sind. Deshalb kaufe ich Rucola-Samen in Italien und züchte sie in einer großen Fensterbox. Von Frühling bis Herbst genieße ich meine einheimische italienische Rughetta, obwohl ich den Rest des Jahres diesen Salat immer noch mit dem einheimischen Rucola serviere.

Zur Abwechslung diesen Salat mit gerösteten Walnüssen belegen.

3 Esslöffel natives Olivenöl extra

2 Teelöffel Balsamico-Essig

Salz und frisch gemahlener schwarzer Pfeffer

2 Trauben Rucola

2 Unzen Stück Parmigiano-Reggiano-Käse

1. Schneiden Sie die harten Stängel der Rucola ab und werfen Sie alle vergilbten oder gequetschten Blätter weg. Waschen Sie den Rucola in mehreren kühlen Wasserwechseln. Sehr gut trocknen. Den Rucola in mundgerechte Stücke zerreißen.

2. In einer großen Schüssel den Rucola mit dem Öl beträufeln und gut umrühren. In einer kleinen Schüssel Essig, Salz und Pfeffer verquirlen, bis sich das Salz aufgelöst hat. Gießen Sie den Essig über den Salat und werfen Sie ihn erneut. Geschmack zum Würzen. Den Salat auf Servierteller stapeln.

3. Rasieren Sie den Käse mit einem Gemüseschäler über dem Salat. Sofort servieren.

Römischer Frühlingssalat

Insalata di Puntarella

Ergibt 4 Portionen

Im Frühjahr verkaufen römische Gemüsehändler ein hellgrünlich-weißes Gemüse, das als Puntarella bekannt ist. Als Mitglied der Endivienfamilie ist es auf Englisch als katalanischer Chicorée bekannt. Da es in den USA nicht weit verbreitet ist, ersetze ich entweder Frisée oder belgischen Endivien. Sie gehören zur selben großen Chicorée-Familie und haben einen ähnlich angenehm bitteren Geschmack, der gut zu pikantem Sardellen- und Knoblauchdressing passt. Die Römer betrachten diesen Salat als Vorbote des Frühlings.

8 Tassen Frisée oder 4 mittelgroße belgische Endivien

6 gehackte Sardellenfilets

1 kleine Knoblauchzehe, sehr fein gehackt

Salz

¼ Tasse natives Olivenöl extra

1 bis 2 Esslöffel Rotweinessig

Frisch gemahlener schwarzer Pfeffer

1. Schneiden Sie das Frisée oder den Endivien ab und werfen Sie die äußeren Blätter und alle gequetschten weg. Waschen Sie das Gemüse in mehreren Wechseln mit kaltem Wasser. Sehr gut trocknen. Zerreißen Sie das Frisée, wenn Sie es verwenden, in mundgerechte Stücke. Den Endivien quer in schmale Streifen schneiden.

2. In einer großen Salatschüssel die Sardellenfilets, den Knoblauch und eine Prise Salz mit einer Gabel zerdrücken, um eine glatte Paste zu erhalten. Öl und Essig unterrühren.

3. Fügen Sie das Gemüse hinzu und werfen Sie gut. Nach Belieben Pfeffer hinzufügen. Nach Geschmack würzen. Sofort servieren.

Grüner Salat mit Gorgonzola und Walnüssen

Insalata con Gorgonzola

Ergibt 6 Portionen

Die Aromen von Walnüssen und Gorgonzola passen perfekt zusammen. Hier werden sie mit zarten Bostoner Salatblättern und einem einfachen Öl-Essig-Dressing geworfen. Ich habe diesen Salat oft als leichte Mahlzeit oder um einer Schüssel Suppe zu folgen.

2 kleine Köpfe Boston Salat

1/4 Tasse natives Olivenöl extra

1 bis 2 Esslöffel Rot- oder Weißweinessig

Salz und frisch gemahlener schwarzer Pfeffer

4 Unzen Gorgonzola, Rinde entfernt und zerbröckelt

1/2 Tasse Walnüsse, geröstet und gehackt

1. Waschen Sie den Salat in mehreren Wechseln mit kaltem Wasser. Sehr gut trocknen. Zerreißen Sie das Grün in mundgerechte Stücke.

2. Öl, Essig sowie Salz und Pfeffer nach Geschmack verquirlen. Gießen Sie das Dressing über den Salat und werfen Sie es, bis es gut bedeckt ist. Geschmack zum Würzen.

3. Fügen Sie den Käse und die Walnüsse hinzu. Werfen Sie noch einmal. Sofort servieren.

Salat mit Tomaten, Mozzarella und Basilikum

Insalata Caprese

Ergibt 4 Portionen

Dieser Salat ist pure Perfektion, wenn er aus sommerreifen Tomaten, frischem Mozzarella, hochwertigem Olivenöl extra vergine und frischem Basilikum hergestellt wird. Denken Sie nicht einmal daran, weniger zu verwenden. Es ist am besten, den Salat kurz vor dem Servieren zusammenzustellen und zu servieren. Abkühlen würde seinen delikaten Geschmack zerstören.

4 mittelreife Tomaten, in 1/4-Zoll-Scheiben geschnitten

12 Unzen frischer Mozzarella, in 1/4-Zoll-Scheiben geschnitten

Salz und frisch gemahlener schwarzer Pfeffer

8 frische Basilikumblätter

1/4 Tasse natives Olivenöl extra

1. Wechseln Sie die Tomaten- und Mozzarella-Scheiben auf einer Servierplatte ab. Mit Salz und Pfeffer bestreuen.

2. Stapeln Sie die Basilikumblätter und schneiden Sie sie quer in dünne Streifen. Die Streifen über den Salat streuen. Mit dem Öl beträufeln und sofort servieren.

Variation: Wenn Sie einen guten Vorrat an frischem Basilikum haben, fügen Sie für jede Reihe Tomaten und Mozzarella ein Basilikumblatt hinzu.

Neapolitanischer Tomaten-Brot-Salat

La Caponata

Ergibt 4 Portionen

Für diesen Salat in Neapel werden harte Kekse verwendet, die als Freselle bekannt sind (in italienischen Lebensmittelgeschäften erhältlich), aber auch geröstetes Brot kann verwendet werden. Meine Großmutter hat diesem Salat immer Eiswürfel hinzugefügt, ein cleverer italienischer Trick. Das Eis kühlt die Zutaten leicht ab, und während das Eis schmilzt, dehnt das kalte Wasser die Gemüsesäfte aus, damit sie in das Brot einweichen können.

Verwechseln Sie diesen Salat, der in Neapel als Caponata bekannt ist, nicht mit der sizilianischen Caponata (<u>Süß-saure Aubergine</u>), hergestellt aus gekochten Auberginen, Tomaten und Kapern.

4 Freselle oder 1 Zoll dicke Scheiben italienisches oder französisches Brot, geröstet

2 große reife Tomaten

2 kleine Kirby Gurken, in Scheiben geschnitten

3 oder 4 Scheiben rote Zwiebel, gehackt

4 frische Basilikumblätter, in kleine Stücke zerrissen

¼ Tasse natives Olivenöl extra

Über 2 Esslöffel weißer Essig

Salz und frisch gemahlener schwarzer Pfeffer

8 Eiswürfel

1. Brechen Sie die Freselle oder das Brot in mundgerechte Stücke und legen Sie sie in eine Schüssel. Mit ca. 1/4 Tasse kaltem Wasser oder genug bestreuen, um das Brot leicht zu erweichen.

2. Tomaten, Gurken, Zwiebeln und Basilikum in die Schüssel geben. Mit Öl und Essig beträufeln und mit Salz und Pfeffer abschmecken. Gut werfen.

3. Die Eiswürfel zum Salat geben und 15 Minuten stehen lassen. Nochmals umrühren und zum Würzen abschmecken. Bei Bedarf mehr Essig hinzufügen. Sofort servieren.

Variation: Sie können die Pugliese-Version dieses Salats namens Cialedda herstellen. Sie verwenden eine runde Gurkensorte (aber verwenden, was verfügbar ist) sowie Radieschen, Rucola und Sellerie.

Toskanischer Brotsalat

Panzanella

Ergibt 4 bis 6 Portionen

Die wichtigste Zutat in diesem Salat ist das Brot, das knusprig und zäh sein muss. Weiches matschiges Brot würde schmelzen, wenn es eingeweicht würde, anstatt zu zerbröckeln. Gurken und Radieschen können ebenfalls hinzugefügt werden.

6 bis 8 Scheiben eintägiges italienisches Brot im Landhausstil

1/2 Tasse Wasser

2 reife Tomaten, in mundgerechte Stücke geschnitten

2 zarte Sellerierippen, in dünne Scheiben geschnitten

1 mittelrote Zwiebel, in dünne Scheiben geschnitten

1/2 Tasse frische Basilikumblätter, in Stücke gerissen

1/2 Tasse natives Olivenöl extra

3 bis 4 Esslöffel Rotweinessig

Salz und frisch gemahlener schwarzer Pfeffer

1. Das Brot in eine große Schüssel geben und mit Wasser bestreuen. 1 Stunde stehen lassen. Drücken Sie das überschüssige Wasser heraus und wischen Sie die Schüssel aus. Zerreißen Sie das Brot in Stücke und legen Sie es wieder in die Schüssel.

2. Fügen Sie die Tomaten, den Sellerie, die Zwiebel und das Basilikum hinzu. Gut werfen. In einer kleinen Schüssel Öl, Essig sowie Salz und Pfeffer nach Belieben verquirlen. Gießen Sie das Dressing über den Salat und werfen Sie es erneut. Abdecken und 1 Stunde an einem kühlen Ort stehen lassen.

3. Werfen Sie den Salat und schmecken Sie und passen Sie die Gewürze an. Sofort servieren.

Salat mit Tomaten, Rucola und Ricotta

Insalata di Pomodori und Ricotta Salata

Ergibt 4 Portionen

Dies ist ein schöner, einfach zusammengesetzter Salat. Ricotta Salata ist gepresster gesalzener Ricotta, der halbfest ist und Feta ähnelt. Es passt gut zu den süßen Tomaten und dem leicht bitteren Rucola. Ersetzen Sie Feta oder zerbröckelte Gorgonzola, wenn Ricotta Salata nicht verfügbar ist.

1 Bund Rucola

2 große reife Tomaten, entkernt und in dünne Scheiben geschnitten

2 dünne Scheiben rote Zwiebel, in Ringe getrennt

1/4 Tasse Olivenöl extra vergine

Salz und frisch gemahlener schwarzer Pfeffer

4 Unzen Ricotta Salata, grob gerieben

1. **Schneiden Sie die harten Stängel der Rucola ab und werfen Sie alle vergilbten oder gequetschten Blätter weg. Waschen Sie den Rucola in mehreren kühlen Wasserwechseln. Sehr gut trocknen. Den Rucola in mundgerechte Stücke zerreißen.**

2. Die Tomaten auf einer Platte anrichten. Mit Rucola und Zwiebelringen belegen. Mit Olivenöl beträufeln und mit Salz und Pfeffer abschmecken.

3. Den Ricotta-Salata über den Salat streuen. Sofort servieren.

Tomaten-Ei-Salat

Insalata di Pomodori e Uova

Ergibt 2 bis 4 Portionen

Ich mache diesen sizilianischen Salat im Sommer mindestens einmal pro Woche zum Mittagessen. Es ist auch toll in einem Sandwich.

4 große Eier

2 große reife Tomaten, in Keile geschnitten

4 Frühlingszwiebeln, in dünne Scheiben geschnitten

6 frische Basilikumblätter, gestapelt und in dünne Bänder geschnitten

2 Esslöffel natives Olivenöl extra

1 Esslöffel Rotweinessig

Salz und frisch gemahlener schwarzer Pfeffer

1. Legen Sie die Eier in einen kleinen Topf mit kaltem Wasser, um sie zu bedecken. Das Wasser zum Kochen bringen. 12 Minuten kochen lassen. Lassen Sie die Eier unter kaltem fließendem Wasser abkühlen. Abgießen und schälen. Schneiden Sie die Eier in Viertel.

2. Kombinieren Sie in einer großen Schüssel die Eier, Tomaten, Frühlingszwiebeln und Basilikum.

3. In einer kleinen Schüssel Öl, Essig sowie Salz und Pfeffer nach Belieben verquirlen. Gießen Sie das Dressing über den Salat und werfen Sie es vorsichtig um. Sofort servieren.

Avocado-Tomaten-Salat

Avocado in Insalata

Ergibt 6 Portionen

Mit saftigen reifen Tomaten und reichhaltigen, aromatischen Avocados allein wäre dies ein großartiger Salat. Es ist ein zeitgemäßes Rezept, inspiriert von einem Salat, den ich in Mailand gegessen habe. Importiertes Provolone hat einen scharfen, leicht rauchigen Geschmack und eine trockenere Textur als der in Scheiben geschnittene einheimische Käse. Estragon wird in Italien nicht sehr oft verwendet, aber hier fügt es etwas anderes hinzu. Wenn Sie es lieber nicht verwenden möchten, lassen Sie es einfach weg oder ersetzen Sie ein anderes Kraut wie Basilikum oder Petersilie.

1 mittelgroßer Boston- oder Blattsalat

¼ Tasse Olivenöl

2 Esslöffel Zitronensaft

1 Teelöffel Dijon-Senf

Salz und frisch gemahlener schwarzer Pfeffer nach Geschmack

6 Basilikumblätter, in Stücke gerissen

1 Esslöffel gehackter frischer Estragon

2 kleine reife Avocados, geschält und in Scheiben geschnitten

4 Unzen importiertes Provolone, in Scheiben geschnitten

2 mittelgroße Tomaten, in Scheiben geschnitten

1. Schneiden Sie den Salat ab und werfen Sie die äußeren Blätter und alle gequetschten weg. Waschen Sie es in mehreren kühlen Wasserwechseln. Sehr gut trocknen. Den Salat in mundgerechte Stücke schneiden. Es sollten ungefähr 8 Tassen sein.

2. In einer kleinen Schüssel Öl, Zitronensaft, Senf sowie Salz und Pfeffer nach Geschmack verquirlen.

3. In einer tiefen Platte Salat, Basilikum und Estragon zusammenwerfen. Die Hälfte des Dressings hinzufügen und gut umrühren.

4. Die Avocado-, Provolone- und Tomatenscheiben abwechselnd darauf verteilen. Mit dem restlichen Dressing beträufeln und sofort servieren.

Riviera Salat

Bedingung

Ergibt 4 Portionen

Dieser Salat ist an der gesamten Riviera von Italien bis Frankreich beliebt. Andere Versionen, die ich gesehen habe, sind Sellerie, Artischocken sowie weiße und grüne Zwiebeln. Sie können also gerne improvisieren.

2 mittelkochende Kartoffeln

Salz

4 große Eier

2 Tomaten, halbiert und in Scheiben geschnitten

1 kleine Gurke, geschält und in Scheiben geschnitten 1/4 Zoll dick

1 kleine rote oder gelbe Paprika, in schmale Streifen geschnitten

6 Sardellenfilets, in 5 oder 6 Stücke geschnitten

1/2 Tasse entkernte grüne Oliven, gespült und abgetropft und grob gehackt

6 Basilikumblätter, in Stücke gerissen

3 Esslöffel natives Olivenöl extra

1 Esslöffel Weinessig

Frisch gemahlener schwarzer Pfeffer

1. Legen Sie die Kartoffeln in einen Topf mit kaltem Wasser zum Abdecken und Salz nach Geschmack. Zum Kochen bringen und ca. 20 Minuten kochen lassen, bis sie weich sind. Die Kartoffeln abtropfen lassen und schälen. Schneiden Sie sie in 1/4 Zoll dicke Scheiben.

2. In der Zwischenzeit die Eier in einen kleinen Topf mit kaltem Wasser legen, um sie zu bedecken. Das Wasser zum Kochen bringen. 12 Minuten kochen lassen. Lassen Sie die Eier unter kaltem fließendem Wasser abkühlen. Abgießen und schälen. Schneiden Sie die Eier in Viertel.

3. Kombinieren Sie in einer großen Schüssel die Kartoffeln, Tomaten, Gurken, Paprika, Sardellen und Oliven. Die Basilikumblätter darüber streuen.

4. In einer kleinen Schüssel Öl, Essig sowie Salz und Pfeffer nach Belieben verquirlen. Gießen Sie das Dressing über den Salat und werfen Sie es vorsichtig um. Mit den Eiern garnieren. Sofort servieren.

Eingelegtes Gemüse

Giardiniera

Macht 2 Pints

Eingelegtes Gemüse passt gut zu Antipasti, Aufschnitt oder Sandwiches. Variieren Sie das Gemüse je nach Saison oder Verfügbarkeit. Auf diese Weise können Champignons, grüne Bohnen, kleine Rüben oder Radieschen, Gurken und viele andere zubereitet werden. Achten Sie darauf, sie in mundgerechte Stücke zu schneiden. Dieses farbenfrohe Gemüse ist in einem hübschen Glas verpackt und eignet sich hervorragend als Geschenk.

1 Tasse Weißweinessig

2 Tassen Wasser

2 Esslöffel Zucker

2 Teelöffel Salz

1 Lorbeerblatt

3 mittelgroße Karotten, längs geviertelt und in 1 1/2-Zoll-Längen geschnitten

2 zarte Sellerierippen, längs halbiert und in 1 1/2-Zoll-Längen geschnitten

1 rote Paprika, in 1-Zoll-Quadrate geschnitten

1 Tasse kleine Blumenkohlröschen

6 kleine Perlzwiebeln, geschält

2 Knoblauchzehen

1. In einem großen Topf Essig und Wasser zum Kochen bringen. Zucker, Salz und Lorbeerblatt hinzufügen und unter Rühren ca. 1 Minute kochen, bis sich Zucker und Salz aufgelöst haben.

2. Fügen Sie das Gemüse hinzu und bringen Sie die Flüssigkeit wieder zum Kochen. Etwa 5 Minuten kochen, bis das Gemüse zart und dennoch knusprig ist. Das Gemüse abtropfen lassen und die Flüssigkeit aufbewahren.

3. Das Gemüse auf zwei sterilisierte Pintgläser verteilen. Fügen Sie die Essigmischung hinzu. Abkühlen lassen, abdecken und 24 Stunden vor Gebrauch kühlen. Diese sind mindestens 2 Wochen im Kühlschrank haltbar.

Russischer Salat

Insalata Russa

Ergibt 8 Portionen

Ich weiß nicht, wie dieser bunte Salat in Italien so beliebt wurde, aber er ist allgegenwärtig für Abendbuffets oder als Antipasti. Ich serviere es auch gerne für ein Sommergericht mit kalten Garnelen, Hummer, pochiertem oder geräuchertem Fisch oder hart gekochten Eiern. Für eine Party sieht es gut aus, garniert mit Sardellenfilets, Zitronenscheiben, Tomaten oder Kräutern.

Variieren Sie das Gemüse je nach Jahreszeit. Blumenkohl, Brokkoli und Zucchini sind alle gut zu verwenden.

3 mittelkochende Kartoffeln, geschält und in 1/2-Zoll-Würfel geschnitten

Salz

8 Unzen grüne Bohnen, geschnitten und in 1/2-Zoll-Längen geschnitten

3 mittelgroße Karotten, geschnitten und in 1/2-Zoll-Würfel geschnitten

1 Tasse frische oder gefrorene Erbsen

2 Esslöffel natives Olivenöl extra

2 Esslöffel Weißweinessig

3 oder 4 saure Gurken, in 1/2-Zoll-Stücke geschnitten (ca. 1 Tasse)

2 Esslöffel Kapern, gespült und abgetropft

Frisch gemahlener Pfeffer

1 Tasse Mayonnaise

2 Esslöffel gehackte frische Petersilie

1. Legen Sie die Kartoffeln in einen Topf mit kaltem Wasser zum Abdecken und Salz nach Geschmack. Zum Kochen bringen und ca. 5 Minuten kochen lassen, bis sie weich sind. Unter fließendem Wasser abkühlen lassen. Ablassen.

2. Bringen Sie etwa 2 Liter Wasser in einem mittelgroßen Topf zum Kochen. Fügen Sie die grünen Bohnen, Karotten und Erbsen und Salz hinzu, um zu schmecken. Etwa 5 Minuten kochen lassen, bis sie weich sind. Unter fließendem Wasser abkühlen lassen. Ablassen.

3. In einer großen Schüssel Öl, Essig und Salz nach Geschmack verquirlen. Das Gemüse trocken tupfen. Das gesamte gekochte Gemüse, die Gurken und die Kapern zum Dressing geben und gut umrühren. Nach Belieben Pfeffer hinzufügen.

4. Mayonnaise einrühren. Würzen und Gewürze anpassen. Den Salat in eine Schüssel geben. Abdecken und mindestens 1 bis 4 Stunden vor dem Servieren kalt stellen. Mit Petersilie garnieren und sofort servieren.

Pilz-Parmigiano-Salat

Insalata di Funghi und Parmigiano

Ergibt 6 Portionen

Für einen ganzjährigen Salat ist dieser mit Pilzen, Sellerie und Karotten zubereiteten Salat unschlagbar. Weiße Pilze können verwendet werden, oder Sie können einen wilden Pilz wie Steinpilze ersetzen. In Bologna hatte ich diesen Salat mit Ovoli, schönen weißen und orangefarbenen Pilzen mit einer eiförmigen Kappe. Obwohl ich den Salat normalerweise mit Parmigiano-Reggiano überziehe, kann Grana Padano, ein milder Pecorino oder sogar ein nussiger Emmentaler verwendet werden.

Achten Sie darauf, das Gemüse hauchdünn zu schneiden. Verwenden Sie eine Küchenmaschine mit der schmalsten Schneidklinge oder einen Mandolinenschneider, um die besten Ergebnisse zu erzielen.

12 Unzen weiße Pilze, in hauchdünne Scheiben geschnitten

2 zarte Sellerierippen, hauchdünn geschnitten

2 mittelgroße Karotten, in hauchdünne Scheiben geschnitten

2/3 Tasse natives Olivenöl extra

2 bis 3 Esslöffel frischer Zitronensaft

Salz und frisch gemahlener schwarzer Pfeffer

Ein kleiner Keil von Parmigiano-Reggiano

1. Pilze, Sellerie und Karotten auf einer großen Platte zusammenwerfen.

2. Öl, Zitronensaft sowie Salz und Pfeffer nach Belieben verquirlen. Gießen Sie das Dressing über den Salat und werfen Sie gut. Würzen und Gewürze anpassen.

3. Rasieren Sie den Käse mit einem drehbaren Gemüseschäler über dem Salat. Sofort servieren.

Fenchel-Parmigiano-Salat

Insalata di Finocchio e Parmigiano

Ergibt 4 Portionen

Der milde Lakritzgeschmack des Fenchels, der Geruch der Zitrone und der frische Geschmack der Petersilie gleichen sich wunderbar in diesem Salat aus. Es wäre ein perfekter erster Gang für ein Fischgericht oder ein Abendessen vom Buffet. Der knusprige Fenchel hält gut, ohne zu welken. Verwenden Sie für wirklich dünn geschnittenen Fenchel einen Mandolinenschneider oder eine Küchenmaschine.

2 mittelgroße Fenchelknollen, beschnitten

2 Esslöffel gehackte frische Petersilie

3 Esslöffel Olivenöl

1 bis 2 Esslöffel frischer Zitronensaft

Ein kleiner Keil von Parmigiano-Reggiano

1. Den Fenchel der Länge nach halbieren und den Kern entfernen. Schneiden Sie die Hälften mit einem Mandolinenschneider oder einer Küchenmaschine mit schmalster Klinge quer in sehr dünne Scheiben.

2. In einer Schüssel den Fenchel mit Petersilie, Öl, Zitronensaft sowie Salz und Pfeffer abschmecken. Würzen und Gewürze anpassen. Den Salat auf 4 Teller stapeln.

3. Rasieren Sie den Parmigiano mit einem drehbaren Gemüseschäler in dünne Flocken und verteilen Sie sie auf dem Salat. Sofort servieren.

Fenchel-Oliven-Salat

Insalata di Finocchio e Oliva

Ergibt 4 Portionen

Große grüne Oliven werden in Sizilien in Salzlake gehärtet und haben einen säuerlichen, würzigen Geschmack und eine knusprige Textur. Damit die aushärtende Flüssigkeit schneller in das Olivenfleisch eindringen kann, werden die Oliven vom Hersteller häufig aufgebrochen. Die Gruben sind normalerweise leicht zu entfernen, aber bei Bedarf können die Oliven mit der Seite eines Messers leicht zerkleinert werden, so dass sie die Grube freigeben. Drücken Sie jedoch nicht zu fest, da sonst die Grube reißen kann.

Dies ist ein guter knuspriger Beilagensalat oder eine großartige Ergänzung zu einem Sandwich mit Käse oder Aufschnitt.

1 kleine rote Zwiebel, dünn geschnitten

8 Unzen sizilianische grüne Oliven

1 kleine Fenchelknolle, geschnitten, entkernt und in dünne Scheiben geschnitten

2 Esslöffel gehackte frische Petersilie

½ Teelöffel getrockneter Oregano

¼ Teelöffel zerkleinerter roter Pfeffer

¼ Tasse natives Olivenöl extra

2 Esslöffel Weißweinessig

1. Die Zwiebelscheiben 15 Minuten in einer mittelgroßen Schüssel mit Eiswasser einweichen. Zwiebel abtropfen lassen und trocken tupfen.

2. Um die Oliven zu graben, legen Sie sie auf ein Schneidebrett. Legen Sie ein großes Kochmesser auf die Seite einer Olive und schlagen Sie es fest, aber sanft mit dem Handballen. Die Olive sollte aufbrechen. Entfernen Sie die Grube. Wiederholen Sie mit den restlichen Oliven. Die entkernten Oliven in die Schüssel geben.

3. Fenchel, Petersilie, Oregano, Paprika, Öl und Essig in die Schüssel geben. Sehr gut werfen. Vor dem Servieren leicht abkühlen lassen.

Würziger Karottensalat

Insalata di Carote Piccante

Ergibt 4 bis 6 Portionen

Früher habe ich diesen Salat mit gekochten Karotten gemacht, aber ich mag auch das Dressing auf zerkleinerten rohen Karotten. Dies ist eine farbenfrohe Beilage zu einem Antipasti-Sortiment oder einer Frittata.

1 Pfund Karotten

3 Esslöffel natives Olivenöl extra

2 Esslöffel Weißweinessig

1 Knoblauchzehe, sehr fein gehackt

1 Teelöffel Zucker

Prise zerkleinerten roten Pfeffer

Salz und frisch gemahlener schwarzer Pfeffer

2 Esslöffel gehackte frische Minze oder Petersilie

1. Karotten schälen. In einer Küchenmaschine mit Zerkleinerungsklinge oder auf einer Kistenreibe die Karotten zerkleinern. Legen Sie sie in eine Schüssel.

2. In einer kleinen Schüssel Öl, Essig, Knoblauch, Zucker, zerkleinerten roten Pfeffer sowie Salz und Pfeffer nach Geschmack verquirlen. Schneebesen, bis sich der Zucker aufgelöst hat.

3. Gießen Sie das Dressing über den Salat und werfen Sie. Fügen Sie Minze hinzu und werfen Sie wieder. Sofort servieren oder bis zu einer Stunde kalt stellen.

Kartoffel-Brunnenkresse-Salat

Insalata di Patate e Crescione

Ergibt 4 Portionen

Meerrettich wird häufig in der Region Trentino-Südtirol in Norditalien verwendet. Dieses Rezept wurde mir vor einigen Jahren von einem Koch aus dieser Region gegeben. Das ungewöhnliche Dressing besteht aus Joghurt und Olivenöl, eine überraschend leckere Kombination. Es macht Sinn, wenn Sie darüber nachdenken. Das Öl wird mit einer säurereichen Zutat gemischt, obwohl hier anstelle des üblichen Essigs oder Zitronensafts der saure Geruch aus Joghurt stammt.

1 1/2 Pfund Yukon Gold oder andere wachsartige Kochkartoffeln

Salz

3/4 Tasse Joghurt ohne Geschmack

1/4 Tasse natives Olivenöl extra

2 Esslöffel geschälter und gehackter frischer Meerrettich oder abgetropfter Meerrettich in Flaschen

Frisch gemahlener schwarzer Pfeffer nach Geschmack

1 große Menge Brunnenkresse, zähe Stängel entfernt (ca. 4 Tassen)

1. Legen Sie die Kartoffeln in einen mittelgroßen Topf mit kaltem Wasser zum Abdecken und Salz nach Geschmack. Zum Kochen bringen und ca. 20 Minuten kochen, bis die Kartoffeln weich sind, wenn sie mit einem Messer durchbohrt werden. Abgießen und leicht abkühlen lassen. Schälen Sie die Kartoffeln und schneiden Sie sie in 1/4 Zoll dicke Scheiben.

2. In einer mittelgroßen Schüssel Joghurt, Öl, Meerrettich sowie Salz und Pfeffer nach Belieben verquirlen, bis sie glatt und gut vermischt sind.

3. Die Kartoffeln und die Brunnenkresse in die Schüssel geben und gut mischen. Würzen und Gewürze anpassen. Sofort servieren oder abdecken und bis zu 3 Stunden im Kühlschrank kalt stellen.

Artusis Kartoffelsalat

Insalata di Patate al'Artusi

Ergibt 6 bis 8 Portionen

Ich habe dieses Kartoffelsalatrezept aus Pellegrino Artusis klassischem italienischen Kochbuch Scienza in Cucina e l'Arte di Mangiar Bene (veröffentlicht in englischer Sprache als Science in the Kitchen und die Kunst des guten Essens) angepasst. Nur wenige Haushalte in Italien haben keine Kopie von L'Artusi, wie es bekannt ist, und seit dem ersten Druck im Jahr 1891 wurden Millionen verkauft.

2 Pfund Yukon Gold oder andere Wachskartoffeln

Salz

1/3 Tasse natives Olivenöl extra

3 Esslöffel Weißweinessig

1/2 Teelöffel getrockneter Oregano

Frisch gemahlener schwarzer Pfeffer

1 (2 Unzen) Dose Sardellenfilets, abgetropft und gehackt

1 kleine rote Paprika, gehackt

1 Tasse gehackter Sellerie

¼ Tasse gehackte rote Zwiebel

3 Esslöffel Kapern, abgetropft und gehackt

1. Legen Sie die Kartoffeln in einen mittelgroßen Topf und geben Sie kaltes Wasser zum Abdecken und Salz zum Abschmecken hinzu. Bei mittlerer Hitze zum Kochen bringen. Etwa 20 Minuten kochen, bis die Kartoffeln weich sind, wenn sie mit einem Messer durchbohrt werden. Abgießen und leicht abkühlen lassen. Kartoffeln schälen und in mundgerechte Stücke schneiden.

2. In einer großen Schüssel Olivenöl, Essig, Oregano sowie Salz und Pfeffer nach Belieben verquirlen. Fügen Sie die Kartoffeln, Sardellen, Paprika, Sellerie, Zwiebeln und Kapern hinzu. Vorsichtig umrühren. Würzen und Gewürze anpassen. Abdecken und 1 bis 3 Stunden vor dem Servieren kalt stellen.

Salat mit grünen Bohnen, Kartoffeln und roten Zwiebeln

Insalata di Fagiolini

Ergibt 4 Portionen

Meine Mutter machte diesen Salat oft als Sommeralternative zu einem Salat mit Blattgemüse. Es ist in ganz Süditalien beliebt. Frische Petersilie, Basilikum oder Minze können verwendet werden.

4 mittelkochende Kartoffeln

Salz

1 Pfund grüne Bohnen, geschnitten

1 kleine rote Zwiebel, gehackt

⅓ Tasse natives Olivenöl extra

3 Esslöffel Rotweinessig

2 Esslöffel gehacktes frisches Basilikum, Minze oder Petersilie oder 1/2 Teelöffel getrockneter Oregano

Frisch gemahlener schwarzer Pfeffer

1. Legen Sie die Kartoffeln in einen mittelgroßen Topf und geben Sie kaltes Wasser zum Abdecken und Salz zum Abschmecken hinzu. Abdecken und bei mittlerer Hitze zum Kochen bringen. Etwa 20 Minuten kochen, bis die Kartoffeln weich sind, wenn sie mit einem Messer durchbohrt werden. Gut abtropfen lassen. Leicht abkühlen lassen. Schälen Sie die Kartoffeln und schneiden Sie sie in 1/4-Zoll-Scheiben.

2. Einen weiteren großen Topf mit Wasser zum Kochen bringen. Fügen Sie die grünen Bohnen und das Salz hinzu, um zu schmecken. Kochen Sie die Bohnen, bis sie zart sind, ca. 8 Minuten. Die Bohnen abtropfen lassen und unter fließendem Wasser abkühlen lassen. Abtropfen lassen und trocken tupfen. Schneiden Sie die Bohnen in mundgerechte Stücke.

3. In einer großen Schüssel Öl, Essig, Kräuter sowie Salz und Pfeffer nach Geschmack verquirlen. Fügen Sie die Kartoffeln, Bohnen und Zwiebeln hinzu und werfen Sie gut. Würzen und Gewürze anpassen. Sofort servieren.

Salat aus grünen Bohnen, Sellerie und Oliven

Insalta di Fagioli, Sedano und Olive

Ergibt 6 Portionen

Dieser Salat wird mit der Zeit besser, daher ist es gut, ihn im Voraus für Picknicks oder andere Zusammenkünfte zuzubereiten. Nachdem es gekühlt wurde, lassen Sie es leicht auf Raumtemperatur erwärmen. Probieren Sie den Salat vor dem Servieren, da die Essig- und Salzaromen im Stand des Salats nachlassen. Es kann sein, dass vor dem Servieren ein Spritzer mehr Essig oder ein Spritzer Salz benötigt wird, um den Geschmack aufzuhellen, wie dies bei jedem marinierten Salat der Fall ist.

1 Pfund grüne Bohnen, geschnitten

Salz

¼ Tasse natives Olivenöl extra

2 Esslöffel Rotweinessig

1 kleine Knoblauchzehe, gehackt

Eine Prise zerquetschter roter Pfeffer

1 zarte Sellerie-Rippe, geschnitten und gehackt

½ Tasse entkernte grüne Oliven, gehackt

1. 2 Liter Wasser in einem großen Topf zum Kochen bringen. Fügen Sie die Bohnen und das Salz hinzu, um zu schmecken. Unbedeckt ca. 8 Minuten kochen, bis die Bohnen weich sind. Die Bohnen abtropfen lassen und unter kaltem fließendem Wasser abkühlen lassen. Die Bohnen trocken tupfen.

2. In einer großen Schüssel Öl, Essig, Salz nach Geschmack, Knoblauch und Paprika verquirlen. Fügen Sie die Bohnen hinzu und werfen Sie gut. Fügen Sie die restlichen Zutaten hinzu und rühren Sie, bis alles gut mit dem Dressing bedeckt ist. Würzen und Gewürze anpassen. Sofort servieren oder bis zu 3 Stunden im Kühlschrank kalt stellen.

Warmer Linsensalat

Insalata di Lenticchie

Ergibt 8 Portionen

Servieren Sie diesen erdigen Salat mit Cotechino oder einer anderen Wurst oder, für etwas ganz anderes, mit gegrilltem Lachs. Wenn Sie sie finden können, verwenden Sie die winzigen grünen Linsen aus Umbrien, die als Lenticchie di Castelluccio oder französische Le Puy-Linsen bekannt sind. Diese leckeren Linsensorten behalten ihre Form besser als die hier verkauften typischen braunen Linsen.

1 Pfund Linsen, gespült und abgeholt

2 ungeschälte Knoblauchzehen

3 Zweige frischer Thymian

1 Lorbeerblatt

Salz

1/3 Tasse natives Olivenöl extra

3 Esslöffel Rotweinessig

1 Teelöffel Dijon-Senf

Frisch gemahlener schwarzer Pfeffer

1 kleine rote Zwiebel, fein gehackt

¼ Tasse gehackte frische flache Petersilie

1. Legen Sie die Linsen in einen großen Topf mit kaltem Wasser, um 1 Zoll zu bedecken. Fügen Sie den Knoblauch und die Kräuter hinzu. Die Flüssigkeit zum Kochen bringen und 35 Minuten kochen lassen. Fügen Sie Salz hinzu, um zu schmecken, und kochen Sie, bis die Linsen zart sind, ungefähr 10 Minuten mehr.

2. Die Linsen abtropfen lassen und die Kräuter und den Knoblauch wegwerfen.

3. In einer kleinen Schüssel Öl, Essig, Senf sowie Salz und Pfeffer nach Geschmack verquirlen. Fügen Sie die Linsen, Zwiebeln und Petersilie hinzu. Gut mischen. Warm oder bei Raumtemperatur servieren.

Fava Bohnenpüree mit sieben Salaten

Fave con Sette Insalate

Ergibt 6 Portionen

Wenn geschälte, getrocknete Bohnen kochen, verlieren sie ihre Form und lassen sich leicht zu einer glatten Paste zerdrücken. Ein Lieblingsgericht in Süditalien sind zerdrückte Fava-Bohnen mit sautiertem Gemüse. Köche in Apulien gehen diese Idee weiter und übersteigen die Favoriten mit einer Kombination aus gekochtem, rohem und eingelegtem Gemüse. Da die Beläge kalt sind oder zumindest Raumtemperatur haben, werden sie Salate genannt. In der Regel werden sieben verschiedene Beläge verwendet, Sie können jedoch so wenige Beläge verwenden, wie Sie möchten. Dies macht eine feine Vorspeise oder fleischloses Hauptgericht.

8 Unzen getrocknete geschälte Fava Bohnen, gespült und abgetropft

Salz nach Geschmack

4 Esslöffel natives Olivenöl extra

1 Pfund frischer Spinat, Escarole oder Broccoli Rabe, geschnitten und in mundgerechte Stücke geschnitten

1 große reife Tomate, entkernt und gehackt

1 Tasse milde schwarze Oliven wie Gaeta, entkernt und grob gehackt

1 Tasse Rucola, harte Stiele entfernt

1/2 Tasse scharfe oder süße eingelegte Paprikaschoten, abgetropft und in Scheiben geschnitten

1/2 Tasse dünn geschnittene Gurken oder Radieschen

2 Frühlingszwiebeln, in dünne Scheiben geschnitten

1. Legen Sie die Bohnen in einen großen Topf mit frischem kaltem Wasser, um 1 Zoll und 1 Teelöffel Salz zu bedecken. Bringen Sie das Wasser zum Kochen und kochen Sie es bei schwacher Hitze, bis es sehr weich ist und die gesamte Flüssigkeit absorbiert ist (ca. 1 Stunde). Fügen Sie bei Bedarf etwas mehr Wasser hinzu, damit die Bohnen nicht austrocknen.

2. Legen Sie das Grün in einen großen Topf mit 1/4 Tasse Wasser bei mittlerer Hitze. Nach Belieben Salz hinzufügen. Abdecken und 5 Minuten kochen lassen oder bis sie welk und zart sind. Gut abtropfen lassen.

3. Im Topf die Bohnen glatt pürieren. Geschmack nach Salz. Öl einrühren.

4. Die Bohnen auf einer warmen Servierplatte verteilen. Mit etwas Olivenöl beträufeln. Legen Sie Stapel des Gemüses um den Rand. Sofort servieren.

Sommerreissalat

Insalata di Riso

Ergibt 4 Portionen

Wenn das Wetter warm ist, servieren die Italiener Salate mit Reis, anstatt Salate mit Nudeln zu servieren, die matschig werden können. Langkornreis wird verwendet, um die Körner im Salat getrennt zu halten. Der Reis härtet im Kühlschrank aus, daher ist es am besten, diesen Salat bei Raumtemperatur zu servieren.

Dieser Salat passt gut zu gegrilltem Schwertfisch oder Thunfisch oder zu Hühnchen oder Steak. Manchmal füge ich dem Salat eine Dose Thunfisch hinzu und serviere sie als ganze Mahlzeit.

1 1/2 Tassen Langkornreis

Salz

2 geröstete rote oder gelbe Paprika, gehackt

1 Tasse Kirsch- oder Traubentomaten, halbiert oder geviertelt, wenn groß

1 (2 Unzen) Dose Sardellen, abgetropft und gehackt

3/4 Tasse aromatische schwarze Oliven wie Gaeta, entkernt und gehackt

¼ Tasse gehacktes frisches Basilikum

1 Knoblauchzehe, sehr fein gehackt

¼ Tasse natives Olivenöl extra

2 bis 3 Esslöffel frischer Zitronensaft

1. In einem großen Topf bei mittlerer Hitze 3 1/2 Tassen Wasser zum Kochen bringen. Fügen Sie den Reis und das Salz hinzu, um zu schmecken. Wenn der Reis wieder kocht, reduzieren Sie die Hitze auf niedrig und decken Sie die Pfanne ab. Kochen, bis das Wasser absorbiert ist und der Reis zart ist, ca. 18 Minuten. Leicht abkühlen lassen.

2. In einer großen Schüssel Paprika, Tomaten, Sardellen, Oliven, Basilikum und Knoblauch vermischen. Gut werfen. Fügen Sie den Reis hinzu und werfen Sie erneut.

3. In einer kleinen Schüssel Öl und Zitronensaft verquirlen. Gießen Sie das Dressing über die Zutaten in der Schüssel. Würzen und Gewürze anpassen. Warm oder bei Raumtemperatur servieren.

"Knuspriger" Salat

Insalata Croccante

Ergibt 4 Portionen

Im Winter, wenn es an frischem Gemüse mangelt, mache ich gerne diesen leckeren Salat. Der Name sagt schon alles - es ist Croccante oder knusprig, mit Äpfeln, Nüssen und knusprigem Gemüse, das mit einem Hauch cremiger Gorgonzola geworfen wird. Es liegt an Ihnen, den Apfel zu schälen oder nicht zu schälen. Ich lasse sie normalerweise ungeschält, es sei denn, der Apfel ist gewachst.

3 bis 4 belgische Endivien, in Blätter getrennt

2 Esslöffel Olivenöl

1 bis 2 Esslöffel frischer Zitronensaft

Salz und frisch gemahlener schwarzer Pfeffer

1 mittlerer Apfel wie Gala, Fuji oder Braeburn, entkernt und in dünne Scheiben geschnitten

1 kleiner Fenchel, geschnitten und in dünne Scheiben geschnitten

2 Frühlingszwiebeln, in dünne Scheiben geschnitten

4 Unzen Gorgonzola, zerbröckelt

½ Tasse geröstete Walnüsse

1. Fächern Sie die Endivienblätter auf 4 Serviertellern auf.

2. In einer mittelgroßen Schüssel Öl, Zitronensaft sowie Salz und Pfeffer nach Geschmack verquirlen.

3. Fügen Sie den Apfel, den Fenchel und die Frühlingszwiebeln hinzu und werfen Sie sie gut um. Fügen Sie die Gorgonzola hinzu und werfen Sie sie erneut.

4. Schaufeln Sie die Salatmischung auf die Basis des Endiviens. Mit den Nüssen bestreuen und sofort servieren.

Birnen-Pecorino-Salat

Insalata di Pere und Pecorino

Ergibt 4 Portionen

Reife Birnen und Pecorino sind eine klassische Kombination, die oft nach einem Essen in Rom und der Toskana serviert wird. Dieser Salat erweitert das Konzept ein wenig um pfeffrige Brunnenkresse oder Rucola und ein einfaches Zitronendressing. Die süße, weiche Birne ist ein schöner Kontrapunkt zu salzigem Käse und pfeffrigem Grün. Ersetzen Sie die Birnen durch Äpfel, wenn Sie dies bevorzugen.

Etwa 6 Tassen Brunnenkresse oder Rucola, harte Stängel entfernt

2 bis 3 Teelöffel frischer Zitronensaft

3 Esslöffel natives Olivenöl extra

Salz und frisch gemahlener schwarzer Pfeffer

2 feste reife Birnen, dünn geschnitten

Kleiner Keil Pecorino Romano oder Parmigiano-Reggiano

1. Schneiden Sie die zähen Stängel von der Brunnenkresse oder dem Rucola ab und werfen Sie alle vergilbten oder gequetschten Blätter weg. Waschen Sie das Grün in mehreren Wechseln mit

kaltem Wasser. Sehr gut trocknen. Zerreißen Sie das Grün in mundgerechte Stücke. Das Grün auf vier Salatteller verteilen.

2. In einer mittelgroßen Schüssel Zitronensaft, Öl sowie Salz und Pfeffer nach Belieben verquirlen. Fügen Sie die Birnen hinzu und werfen Sie sie vorsichtig mit dem Dressing.

3. Legen Sie die Birnen auf die Grüns. Rasieren Sie mit einem kleinen Gemüsemesser oder einem Gemüseschäler mit drehbarer Klinge dünne Flocken des Käses über jeden Salat. Sofort servieren.

Orangen-Fenchel-Salat

Insalata di Arancia e Finocchio

Ergibt 4 Portionen

Die Geschmackskombination in diesem beliebten sizilianischen Salat ist sensationell. Süße, saftige Orangen, knuspriger Fenchel und rote Zwiebeln, frische Minze und intensive schwarze Oliven schmecken nicht nur gut zusammen, sondern sehen auch gut aus.

2 große Nabelorangen, geschält, Mark entfernt und in kreuzweise Scheiben geschnitten

1 mittelgroße Fenchelknolle, sehr dünn geschnitten und in Scheiben geschnitten

½ rote Zwiebel, sehr dünn geschnitten

12 importierte schwarze Oliven, wie zum Beispiel ölgehärtet

3 Esslöffel natives Olivenöl extra

Salz nach Geschmack

2 Esslöffel gehackte frische Minze

Die Orangenscheiben abwechselnd mit dem Fenchel auf einer Platte anrichten. Zwiebel und schwarze Oliven darüber streuen. Mit Olivenöl und Salz beträufeln. Mit der Minze bestreuen. Sofort servieren.

Rüben-Orangen-Salat

Insalata di Barbabietole e Arancia

Ergibt 4 Portionen

Dies ist ein besonders hübscher Salat mit den kontrastierenden Farben von roten Rüben, Orangenscheiben und Minze. Um es substanzieller zu machen, servieren Sie es mit etwas Ziegenkäse oder zerbröckeltem Gorgonzola.

4 geröstete Rüben), geschält

2 Nabelorangen, geschält und in Scheiben geschnitten

2 Esslöffel natives Olivenöl extra

1 Teelöffel frischer Zitronensaft

Salz und frisch gemahlener schwarzer Pfeffer

2 Esslöffel gehackte frische Minze

1. Schneiden Sie die Rüben in 1/4-Zoll-Scheiben. Wechseln Sie die Rüben- und Orangenscheiben auf einer Platte ab.

2. Öl und Zitronensaft mit Salz und Pfeffer abschmecken. Gießen Sie das Dressing über die Rüben und Orangen. Die Minze darüber streuen. Sofort servieren.